Helmut Jaskolski
Das Labyrinth

Ist es möglich, daß derart uneinheitliche Phänomene
so einheitlich benannt werden können?
Und doch ist dies, wie mir scheint, die Lehre,
die unsere größten Doctores uns hinterlassen haben:

*Omnis ergo figura tanto evidentius veritatem demonstrat
quanto apertius per dissimilem similitudinem figuram se
esse et non veritatem probat.*

Daher weist jede Figur um so deutlicher auf die Wahrheit
hin, je offener sie durch unähnliche Ähnlichkeit zeigt, daß
sie eben eine Figur ist und nicht die Wahrheit.

Umberto Eco, Der Name der Rose

Helmut Jaskolski

Das Labyrinth

Symbol für Angst, Wiedergeburt und Befreiung

KREUZ

Alle in diesem Buch enthaltenen Angaben, Daten, Ergebnisse etc. wurden vom Autor nach bestem Wissen erstellt und von ihm mit größtmöglicher Sorgfalt überprüft. Gleichwohl sind inhaltliche Fehler nicht vollständig auszuschließen. Daher erfolgen die Angaben etc. ohne jegliche Verpflichtung oder Garantie des Verlags oder des Autors. Beide schließen deshalb jegliche Verantwortung und Haftung für etwaige inhaltliche Unrichtigkeiten aus, es sei denn im Falle grober Fahrlässigkeit.

Die Deutsche Bibliothek – CIP-Einheitsaufnahme

Jaskolski, Helmut:
Das Labyrinth : Symbol für Angst, Wiedergeburt und Befreiung/
Helmut Jaskolski. – Stuttgart : Kreuz-Verl., 1994
ISBN 3-7831-1328-8

1 2 3 4 5   98 97 96 95 94

© by Dieter Breitsohl AG
Literarische Agentur Zürich 1994
Alle deutschsprachigen Rechte beim Kreuz Verlag Stuttgart
Postfach 80 06 69, 70506 Stuttgart
Tel.: 07 11 – 78 80 30
Umschlaggestaltung: Jürgen Reichert, Stuttgart
Umschlagbild: Miniatur in einem Pergamentcodex des 12. Jh.,
Bayerische Staatsbibliothek, München
Satz: Steffen Hahn GmbH, Kornwestheim
Druck: Wiener Verlag, A-2325 Himberg
ISBN 3 7831 1328 8

Inhalt

Am Faden der Ariadne
Zeichnung von Art Glöckner

Für Hanna

Hermann Kern
(1941–1984)
in Dankbarkeit

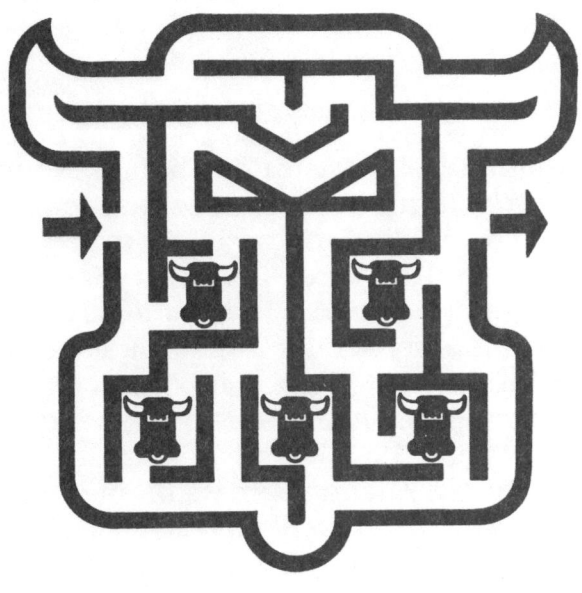

Einführung

»Bullenlabyrinth« lese ich und darunter die Spielanweisung, den Weg hindurch zu finden, ohne einen der Gänge mehr als einmal zu passieren, jedoch allen fünf Bullen einen Besuch abzustatten. Wissen Sie vielleicht, was diese Bullen mit dem Labyrinth zu tun haben?

Das Wort »Labyrinth« löst hierzulande ja ganz unterschiedliche Vorstellungen aus. Nicht jeder treibt sich in der Rätselecke seiner Wochenzeitung herum; andere entspannen sich mit labyrinthischen Brettspielen oder Science-fiction-Geschichten, und da kann es passieren, daß einem *Die Ratte im Labyrinth*[1] begegnet. Zu den Spielernaturen und Leseratten gesellen sich neuerdings therapiekundige Tiefentaucher und esoterische Sucher des Selbst: Einschlägige Kursangebote firmieren unter dem Etikett »Suchprozesse im Labyrinth des Lebens«.

Dagegen erinnern sich Kulturbeflissene mit inzwischen ergrauten Schläfen vermutlich eher an Gustav René Hockes Buch aus *rowohlts deutscher enzyklopädie*, das um 1960 die Bildungsszene beherrschte: *»Die Welt als Labyrinth. Manier und Manie in der europäischen Kunst«*[2]. Zwar fand man darin nur wenige konkrete Beweise für den behaupteten *Labyrinth-Kult der Menschheit*[3], aber das entdeckte Menschheits- und Weltsymbol blieb für die Eingeweihten in der Folgezeit ein wesentlicher Bestandteil ihres geistigen Haushalts. Damals erkannte man Franz Kafka als »Dichter des Labyrinths«[4] und entdeckte den Manierismus der Romantiker als Manifestationen des Labyrinthischen[5]. Gerade in Deutschland gab es bei alledem viel metaphorisches Gerede, seltener Ansätze zu genauerer Analyse[6].

Einen ganz anderen Zugang zum Phänomen des Labyrinths gewannen zu dieser Zeit unsere angelsächsischen Nachbarn. Im traditionellen Land der *»Mazes and Labyrinths«*[7] kam es nach einer zeitbedingten Flaute zu einer Renaissance der Gartenlabyrinthe und ineins damit zu einem gesteigerten Interesse an allem Geheimnisvollen, das seit den Tagen des Königs Minos das Labyrinth umwittert. Es war der englische Bildhauer MICHAEL AYRTON, der dort seit 1956, dem Jahr seines mystischen Erlebnisses am legendären Ort des sibyllinischen Orakels in Cumae (Italien), die Wiederentdeckung des Labyrinth-Symbols einleitete. Mit seinem monumentalen Irrgarten im amerikanischen Arkville schuf er 1969 ein originelles Vorbild für moderne Anlagen. »Ich erbaute das Labyrinth«, so nannte der neue Daidalos die fiktive Autobiographie des mythischen *Maze Makers*, seines Vorbildes[8]. Seine Bücher trugen die Idee vom Labyrinth-Bau in alle Welt.

Im kontinentalen Europa entwickelte sich derweil in aller Stille eine – sagen wir – fortgeschrittene historische *Labyrinthologie*. Ihre vorzeigbaren Ergebnisse traten im Sommer 1981 ans Licht der Öffentlichkeit: Der in München lebende Jurist und Kunstwissenschaftler Hermann Kern organisierte im Mailänder Palazzo della Permanente eine vielbeachtete Ausstellung, deren Katalog er zu der bisher umfassendsten Dokumentation des Urbilds »Labyrinth« ausarbeitete – *»Labyrinthe.*

Michael Ayrton: Arkville Maze, New York State
(mit 10 Fuß hohen Ziegelmauern und Bronzeskulpturen des Minotaurus
sowie des Dädalus und Ikarus im Zentrum).

Erscheinungsformen und Deutungen. 5000 Jahre Gegenwart eines Urbilds«[9]. Die erfolgreiche Ausstellung sollte in deutschen Städten wesentlich erweitert präsentiert werden, aber ihr kundiger und einfallsreicher Urheber und Promotor wurde 1984 von tödlicher Krankheit überrascht. Hermann Kern hinterließ außer den Mailänder Exponaten ein umfangreiches Labyrinth-Archiv mit etwa 1300 Bildern und mehr als 2000 einschlägigen Veröffentlichungen, eine einzigartige Quelle für die weitere Forschung. Marianna Kern, die Frau des zu früh Gestorbenen, ist auf der Suche nach einem Institut, das eine Dauerausstellung in Verbindung mit dem Archiv ermöglicht – eine Stätte internationaler Forschung und Begegnung.

Parallel zu Hermann Kerns Ausstellung fand in Mailand eine zweite statt, die den künstlerischen Realisationen des Labyrinthischen im 20. Jahrhundert gewidmet war. LUOGHI DEL SILENZIO IMPARZIALE, Orte des unbefangenen Schweigens, nannte ihr Organisator, der Kunsthistoriker ACHILLE BONITO OLIVA, die ausgestellten Bilder und Objekte. Schon im Jahre zuvor hatte sich Bonito Oliva zum Verkünder der *italienischen Trans-Avantgarde* gemacht und das Kunstwerk als Labyrinth gedeutet: »Die Kunst kehrt endlich zu dem zurück, was sie innerlich bewegt und was ihr Tun begründet, sie kehrt zurück an ihren eigentlichen Ort, das Labyrinth – verstanden als ›Arbeit im Inneren‹, als fortgesetztes Graben in der Substanz der Malerei«.[10] Unter den Autoren des Ausstellungskataloges war auch der Semiotik-Professor UMBERTO ECO, der dem erstaunten Publikum gerade seinen labyrinthischen Roman *»Il nome della rosa«* präsentiert hatte.[11]

Auch im Reich der schönen Literatur deutscher Sprache schlug im Jahre 1981 die Stunde des Labyrinths: Friedrich Dürrenmatt veröffentlichte seine autobiographischen Aufzeichnungen unter dem Titel *Stoffe*, und darin waren in Teil I eine *»Dramaturgie des Labyrinths«* und die gar nicht schöne Labyrinth-Erzählung *»Der Winterkrieg in Tibet«* zu finden.[12]

Drei Jahre später gewährte Hans Peter Duerr in seinem zweiten ethnologischen Abenteuerbuch – *»Sedna oder Die Liebe zum Leben«* – einen faszinierenden Einblick in die archaischen Ursprünge des Labyrinths, indem er längst erledigt geglaubte Deutungen zu neuem Leben erweckte. Man ist versucht zu sagen: Da öffnet sich eine geheimnisvolle Höhlenwelt, und durch die Vulva der Großen Mutter findet der Leser den Weg in den ewig fruchtbaren Uterus.[13]

Überhaupt scheint die Höhle in den achtziger Jahren als Existenzsymbol des Menschen wiedergefunden worden zu sein: Hans Blumenberg demonstrierte das philosophisch 1989 in seinem voluminösen Buch *»Höhlenausgänge«*. Auch hier fehlt nicht das Stichwort *Labyrinth*.[14]

Schon 1987 erschien Manfred Schmelings literaturwissenschaftliche Monographie *»Der labyrinthische Diskurs. Vom*

Mythos zum Erzählmodell« – eine eindringliche Studie der literarischen Formulierungen der Labyrinth-Vorstellung vor allem im 20. Jahrhundert.[15]

Nach den vielgestaltigen Eruptionen des Labyrinthischen in den achtziger Jahren ist also für Insider gut gesorgt. Für Anfänger und gemäßigt Fortgeschrittene jedoch fehlt eine Einführung, die mit beiden Aspekten des Labyrinths bekanntmacht, mit dem *Bild* und dem *Mythos*.[16]

Besinnliche Menschen schätzen heute die aus dem indischen Kulturraum stammenden *Mandalas*[17] als Gegenstand des Nachdenkens und Meditierens, haben aber keine zureichende Vorstellung vom Symbol des Labyrinths, das als Mandala der Mittelmeerwelt und der aus ihr hervorgegangenen europäischen Kultur gelten kann. Es ist in unserer Kultur sehr eng mit den Inhalten des antiken Sagenkreises von Minotauros im Labyrinth, von Theseus und Ariadne, Daidalos und Ikaros verbunden. Hätte es diese traditionelle Verknüpfung von visueller und literarischer Formulierung nicht gegeben, dann wäre das Labyrinth als lebensbegleitendes Symbol für die Europäer wahrscheinlich verlorengegangen. Deshalb ist es nötig, die alten Geschichten um das kretische Labyrinth immer wieder neu zu erzählen und zu verfolgen, wie die Idee des Labyrinths in immer neue Geschichten gerät – vom Mittelalter bis in unsere Zeit. Davon handelt mein Buch, das trotz spielerisch-nachdenklichem Umgang mit dem Gegenstand dessen geschichtliche und gegenwärtige Wirklichkeit zur Geltung bringen will.

Der Begriff »Labyrinth« ist nicht eindeutig, auch wenn es bisher so scheinen mochte. Wer sich dem Labyrinth in der Zeitung zuwendet, hat einen *Irrgarten* vor sich, der viele Wege zur Wahl anbietet, auch solche, die in die Irre führen und sich als Sackgassen erweisen. Die Vorstellung eines solchen Irrgang-Systems liegt schon vielen antiken Berichten über Labyrinthe zugrunde: Damit hängt seine Verwendung als Metapher zusammen: *Hinweis auf eine schwierige, unübersichtliche, verwirrende Situation*[18]. Auch dieser übertragene, sozusagen sprichwörtliche Sinn ist schon im antiken Sprachgebrauch anzutreffen.

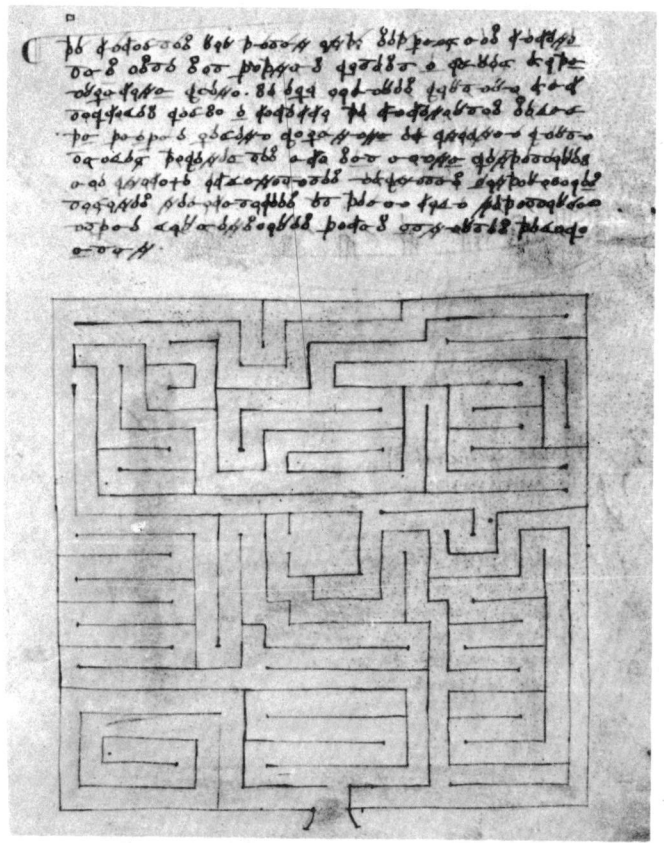

Älteste bekannte Darstellung des Irrgartens
Giovanni Fontana, venezianischer Arzt (ca. 1395–ca. 1455): Notizbuch mit
Entwürfen für Kriegsmaschinen (Bellicorum instrumentorum liber, cum
figuris et fictitiis literis conscriptus)

Gustav René Hockes Buchtitel »Die Welt als Labyrinth«
bezieht sich vor allem auf das literarische Motiv des Irrgartens, das erst im frühen 15. Jahrhundert eine bildnerische
Formulierung gefunden hat[19].

Im eigentlichen Sinne aber ist das Labyrinth kein Irrgang-
System, sondern bis an die Schwelle der Neuzeit und darüber
hinaus eine geometrische Figur, die nur einen einzigen Weg
aufweist, also keine Verirrungsmöglichkeit enthält. Dieses

klassische Labyrinth ist am besten zu verstehen als architektonischer Grundriß, als ein System von Linien, gedacht als Begrenzungsmauern, zwischen denen als freigelassenes Band der Weg verläuft: Dieser führt von der einzigen Öffnung in der Außenmauer zwangsläufig, ohne Wahlmöglichkeit und kreuzungsfrei ins Zentrum und wieder hinaus, und zwar so, daß er pendelnd immer die Richtung wechselt und als größtmöglicher Umweg den ganzen Innenraum ausfüllt. In der ältesten Form, von Hermann Kern als kretischer Typ bezeichnet, führt der eindeutige Weg in sieben Umgängen ins Zentrum als der einzigen Sackgasse, in der mittelalterlichen Form dagegen in elf Umgängen.[20]

Labyrinth mit sieben Umgängen,
kretischer Typ

Ariadnefaden als Weg
durch das Labyrinth

Das klassische Labyrinth wird nicht selten mit anderen graphischen Figuren verwechselt, mit Spirale, Mäander, konzentrischen Kreisen, Knoten und Bandgeflechten. Obwohl eine strenge Abgrenzung gegenüber diesen Gebilden methodisch sinnvoll ist, muß andererseits zugestanden werden, daß es die Phantasie der Menschen seit alters damit nicht so genau genommen hat. Wenn es darum ging, das mythische

15

Münze aus Knossos, vermutlich 500 – 431 v. Chr.
Vorderseite: Minotauros als Tänzer im Knielaufschema, auf einen Stock
gestützt, mit Schwanz und Stiermaske;
Rückseite: eckige Doppelspiralen auf Swastika-Grundlage als Darstellung
des Labyrinths

Labyrinth des Minos auf Kreta darzustellen, bevorzugte man in ältester Zeit sogar den Mäander als Kürzel für das Gemeinte.[21]

Damit sind wir bei den Mythen angelangt, die sich um den minoischen LABYRINTHOS ranken. Es ist ein Konglomerat von

16

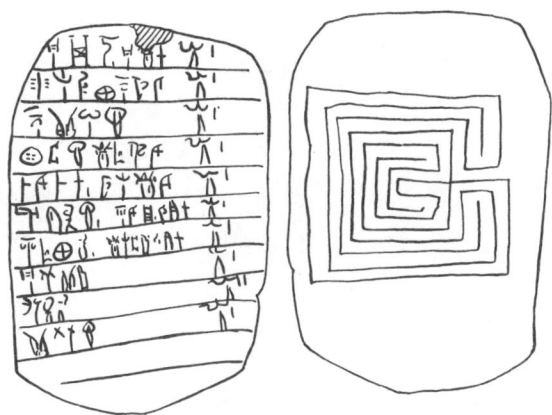

Ritzzeichnungen auf einem Tontäfelchen aus Pylos, um 1200 v. Chr.

Erzählungen und Erzählmotiven unterschiedlicher Art und unterschiedlichen Alters, die uns in immer neuen Variationen überliefert worden sind. Uralte Vorstellungen aus dem minoischen Kreta sind da – charakteristisch umgedeutet – mit griechischen Sagen verknüpft und letztendlich von römischen Dichtern poetisiert worden. Diese Geschichten haben die Phantasie der Europäer seit der Antike immer wieder beschäftigt: Für die einen vergnügliche Unterhaltung oder mühsam erworbenes Bildungswissen, waren sie für die anderen geheimnisvolle Mitteilungen über die Ursprünge unserer Kultur und Medien des *alten Wahren*, des ursprünglichen Wissens der Menschheit.[22]

Für das Labyrinth als Symbol spielen diese Mythen eine wesentliche Rolle: Sie bringen die stumme geometrische Figur für uns Europäer zum Sprechen, verknüpfen sie mit Erinnerungen und Deutungen, die aus dem Zusammenhang des Lebens erwachsen sind.

Wenn die Verbindung der Figur mit bedeutsamen Lebenstatsachen fehlt, haben wir ein bloßes Dekor vor uns, vielleicht eine Spielerei. Einen Beleg dafür bietet die älteste sicher datierbare Labyrinthdarstellung: Es ist eine Ritzzeichnung auf der Rückseite eines Tontäfelchens, das im Palast des

Felsritzung in der »Tomba del Labirinto«, Luzzanas, Sardinien,
Durchmesser: ca. 30 cm.

Nestor in Pylos gefunden worden ist. Entstanden ist sie spätestens um 1200 v. Chr. Die Vorderseite des Tontäfelchens enthält die Namensliste von zehn Männern, die eine Ziege gebracht oder erhalten haben, die Aufzeichnung eines Verwaltungsvorgangs, der mit der Labyrinthzeichnung auf der Rückseite nichts zu tun hat. Wahrscheinlich war die Labyrinth-Vorstellung damals schon so sehr Allgemeingut, daß sie als Graffito zum Zeitvertreib des Buchhalters dienen konnte: eine bloße Spielerei.[23]

Anders verhält es sich mit der Felsritzung eines Labyrinths in der TOMBA DEL LABIRINTO, einem unterirdischen Grab in Luzzanas auf Sardinien. Die Entstehung dieses Felskammergrabes ist mit großer Wahrscheinlichkeit ins dritte vorchristliche Jahrtausend zu datieren, und falls die Ritzzeichnung gleichzeitig entstanden ist, muß sie als die älteste Labyrinth-

Labyrinthe

Typ I: Labyrinth im eigentlichen Sinn, das klassische Labyrinth
Geometrische Figur mit runder oder eckiger Begrenzung nach außen, deren Linien als Begrenzungsmauern für den zwischen ihnen verlaufenden Weg zu lesen sind.
Hermann Kern hat folgende Merkmale des Weges in solchen Ein-Weg-Labyrinthen (univiale L.) genannt:
Er ist
- kreuzungsfrei, d. h., er bietet keine Wahlmöglichkeit,
- wechselt immer pendelnd die Richtung,
- füllt in einem Maximum an Umweg den ganzen Innenraum aus,
- führt den Besucher wiederholt am erstrebten Zentrum vorbei,
- mündet zwangsläufig ins Zentrum,
- führt aus dem Zentrum wieder als einziger Ausweg heraus.[24]
Die älteste sicher datierbare Darstellung des klassischen Labyrinths stammt aus dem 13. Jahrhundert v. Chr. (spätestens um 1200): Ritzzeichnung auf der Rückseite eines Tontäfelchens aus dem Palast des Nestor in Pylos.
Das klassische Labyrinth weist hinsichtlich der Zahl der Umgänge und der Linienführung mehrere Varianten auf. Die wichtigsten sind:
- der kretische Typ mit sieben Umgängen (siehe Ritzzeichnung),
- der Typ Chartres: elfgängiges Labyrinth mit Kreuzstrukturierung, typisch für die Kirchenlabyrinthe des Mittelalters.

Typ II: der Irrgarten, das neuzeitliche (moderne) Labyrinth
Im Gegensatz zum klassischen Labyrinth handelt es sich um ein Irrgang-System mit Wahlmöglichkeiten zwischen alternativen Pfaden, in dem es auch Sackgassen (dead ends) gibt.
Der Irrgarten ist die bildnerische Formulierung des seit der Antike bekannten literarischen Motivs vom »error inextricabilis«, dem unentwirrbaren Irrweg (nach Vergils *Aeneis*).
Die älteste bekannte Darstellung des Irrgarten-Labyrinths ist im Notizbuch des venezianischen Arztes Giovanni Fontana (ca. 1395–ca. 1455) zu finden.

Typ III: das Rhizom-Labyrinth (Labyrinth als Netzwerk oder Rhizom), sozusagen das postmoderne Labyrinth
Umberto Eco hat diesen dritten Typ in Anlehnung an die Metapher des Rhizoms, die Deleuze und Guattari 1976 vorgeschlagen haben, formuliert. Es ist ein Gedankenlabyrinth, ein metaphorisches Gebilde.[25]
Vgl. dazu Kapitel 10!

(der) Labyrinthos
Bezeichnung des Bauwerks, das Daidalos der Sage nach für König Minos von Kreta konstruiert hat, »Gefängnis« des Minotauros: *Haus des Dädalus* genannt (domus Daedali).

Ritzzeichnung aus Pompeji

darstellung überhaupt gelten. Ihre Plazierung und Gestaltung macht den Zusammenhang mit dem Totenkult deutlich: Zeichen des Todesweges und zugleich der Hoffnung auf Wiedergeburt aus dem Schoß der Mutter Erde. Andere solcher Felsritzungen – gefunden in Spanien und Cornwall – stehen vermutlich in Verbindung mit dem bronzezeitlichen Zinn-Bergbau. Die frühen Bergleute haben in ihnen ihr Selbstverständnis magisch bekundet: Sie begeben sich in die dunklen Schächte der Unterwelt, in die Eingeweide der Erde, in der Hoffnung auf Rückkehr ans Licht des Tages.[26]

Uns geht es um die Verknüpfung der klassischen Labyrinth-Figur mit der Geschichte vom kretischen Labyrinth. Der älteste sichere Beleg dafür ist eine Ritzzeichnung aus Pompeji, das im Jahre 79 n. Chr. vom Aschenregen des Vesuvs begraben wurde. Auf einem Pfeiler im Peristyl des Hauses von MARCUS LUCRETIUS fanden die Archäologen ein Labyrinth kretischen Typs und dabei die Kritzelei LABYRINTHUS HIC HABITAT MINOTAURUS – *Labyrinth. Hier wohnt der Minotaurus.* Ist es eine schlichte Dokumentation des Bildungswissens oder der Racheakt eines Lausbuben, der vor dem Eigentümer des Hauses als einem unangenehmen »Viech« warnen wollte?[27] Allein wichtig ist die Tatsache, daß hier mit der abstrakten Labyrinthfigur mythische Personen und Geschehnisse assoziiert werden.

20

Außer Minotauros gehören Theseus und Daidalos zum unverzichtbaren Personal des Labyrinths. Seine Bedeutung als Symbol hängt seit der Verknüpfung von Bild und Mythos wesentlich vom jeweiligen Verständnis dieser »Personen« ab. Als Protagonisten jeweils zeitgemäßer Labyrinthgeschichten sind sie Personen im ursprünglich antiken Sinn, nämlich Masken des Menschen: Bilder seines Selbstverständnisses.

Minotauros, Theseus, Daidalos – das sind Bilder des Mannes, sagt nicht nur die moderne Feministin. Tatsächlich ist die Erinnerung an Ariadne, die ursprüngliche *Herrin des Labyrinths*, in der Geschichte der europäischen Kultur fast ganz verlorengegangen. Übriggeblieben ist in den Männergeschichten vom Labyrinth der hilfreiche Faden für Theseus, der sprichwörtliche *Faden der Ariadne*. Mitleid mit der kretischen Königstochter bekundeten fast ausschließlich die Komponisten: Claudio Monteverdi in seinem Opernfragment *»Die Klage der Ariadne«*, Richard Strauss zu Beginn unseres Jahrhunderts in seiner Oper *»Ariadne auf Naxos«*. Am Ende des 20. Jahrhunderts ist gewiß der Augenblick gekommen, Ariadne nicht nur zu beklagen, sondern sie in ihre alten Rechte einzusetzen.

Das Labyrinth – ein Mandala der westlichen Kultur? Dagegen scheint die Ambivalenz des Zeichens zu sprechen: Es ist Symbol des Weges, den wir gehen; der aber kann ein Weg sowohl des Heils als auch des Unheils sein. Gewiß also kein Zeichen, das man ohne Beunruhigung meditierend in sich aufnehmen kann. Es ist ein *offenes Mandala* im doppelten Sinne: Eine Öffnung führt hinein und hinaus, in den modernen Zeiten oft sogar mehrere – ein Hinweis darauf, daß es ein Innen und Außen gibt, Spannung und Dynamik. Offen ist das Labyrinth auch darin, daß es eine Fülle aktueller und potentieller Bedeutungen repräsentiert – eine hoffnungslose Angelegenheit für Dogmatiker und perfektionistische Enzyklopädisten. Dies bedenkend beginne ich vom Labyrinth zu erzählen, und es wird bewußt sehr viel erzählt und auch mit Zitaten nicht gespart, um die alten und neuen Bilder und Geschichten zum Sprechen zu bringen.

1
Minotauros

Theseus schleift den toten Minotauros aus dem Labyrinth
Mittelstück einer rotfigurigen Trinkschale (um 440–430 v. Chr.)

Der Minotauros ist es,
der die Existenz des Labyrinths
vollgültig rechtfertigt.

Jorge Luis Borges

Es galt, einem höchst merkwürdigen Wesen Unterkunft zu verschaffen. Oder sollte ich sagen: ein Gefängnis einzurichten, einen Tempel zu bauen? Jawohl, eine Stätte der distanzierten Verehrung und des beschwichtigenden Opfers mußte es werden, aber zugleich eine Art Käfig und Verlies, so daß die Bewohner der Insel für immer vor ihm sicher waren; für immer mußte es den Blicken der Menschen entzogen werden.

MINOS, dem König von Kreta, war aus dem Schoß seiner Gattin PASIPHAE das ungeheuerliche Wunderwesen geboren worden: der stierköpfige MINOTAUROS, halb Mensch, halb Tier, »Stier des Minos« genannt, obwohl einzig und allein Sohn der Königin, nicht des Königs, Kind der unzüchtigen Liebe Pasiphaës zu einem wunderbaren weißen Stier – oder sollte es ein gottgewollter, sozusagen heiliger Seitensprung gewesen sein, vor dem unsere Moralbegriffe versagen? Sein fabelhaftes Ergebnis, die göttliche Mißgeburt, war für den gehörnten König des mächtigen Kreterreiches gewiß eine unerhörte Schande, ein Unglück sondergleichen, aber für sich betrachtet doch ein Gegenstand des Staunens, der Verwunderung, darauf weist sein anderer Name hin: ASTERIOS, das Sternenwesen, von griechischen Vasenmalern mit sternübersätem Körper dargestellt.

Trotz aller möglichen Vorzüge, die das außergewöhnliche Wesen besitzen mochte, gab es für Minos keinen Zweifel: Der ungeliebte Bastard hatte zu verschwinden, und zwar schnell und gründlich. Aber da war guter Rat teuer: Wohin nur und hinlänglich standesgemäß?

Glücklicherweise lebte seit einiger Zeit in Knossos, der königlichen Residenzstadt, ein Flüchtling aus Athen, der in seiner Heimatstadt eines Mordes angeklagt gewesen war und noch rechtzeitig ein Schiff nach Kreta bestiegen hatte. Ihm hatte König Minos wegen seiner genialen technischen Fertigkeiten, womit er schon in Athen Aufsehen erregt hatte, Asyl gewährt. DAIDALOS war sein Name. Nun konnte er Minos seinen Dank abstatten.

Alles mögliche hatte Daidalos erfunden, Werkzeuge vor allem, jetzt war er als Baumeister gefordert. Und er erledigte den Auftrag des Minos mit der ihm eigenen Perfektion: Er konstruierte und baute den LABYRINTHOS, ein architektonisches Wunderwerk, das den komplizierten Anforderungen vollkommen gerecht wurde: den Zwinger für Minotauros – Gefängnis, Versteck und Tempel zugleich –, ein weitläufiges System von verschlungenen Gängen, die zum Mittelpunkt, der Wohnung des Ungeheuers, führten, aber so, daß der Weg ins Innere zwangsläufig, der Weg hinaus so gut wie unmöglich zu finden war. Für den Außenstehenden war das Ganze bloß ein überaus unübersichtliches, verwirrendes Bauwerk, das einen bei dem bloßen Gedanken daran schwindlig machen konnte, für den Eingeweihten dagegen erfüllte es mit größter Vollkommenheit seinen Zweck: Minotauros auf alle Zeit verschwinden zu lassen, denn einmal hineingebracht, würde er den Weg zurück nie mehr finden, andererseits dem zwielichtigen Wesen aus Mensch und Tier mit göttlichem Anspruch die geschuldeten Opfer zukommen zu lassen, Menschenopfer, die ins Zentrum des Labyrinthos gelangen würden, aber niemals mehr hinaus.

Und Minotauros verschwand darin – aus den Augen des unglücklichen Königs und der sensationslüsternen Öffentlichkeit, vielleicht auch aus dem Sinn der Mutter, die ihren weißen Stier vergessen konnte, um sich wieder ganz ihrem königlichen Gemahl zu widmen. Der Erfolg blieb nicht aus: Pasiphaë gebar ihrem Eheherrn noch andere Kinder, echte Minoskinder, darunter ANDROGEOS und ARIADNE.

Beide wuchsen auf und machten von sich reden: Androgeos durch Heldentaten, die ihn zwangsläufig aufs Festland führten, nach Attika, wo König AIGEUS herrschte, Ariadne durch den Glanz ihrer Erscheinung, einen Sternenglanz, der an ihren Halbbruder, den Asterios genannten, erinnerte; gerühmt wurde sie als »die überaus Reine« und »die überaus Klare«.

Was dem Androgeos in Attika zustieß, läßt sich nicht mit Sicherheit ermitteln: Die gängigste Nachricht besagt, König Aigeus habe ihn gegen den Stier von Marathon geschickt und wie viele andere vor ihm sei er von dem wilden Tier getötet worden. Aber was heißt schon »von Aigeus geschickt«? Das sieht nach einer nachträglichen Schuldzuweisung aus. Den kretischen Prinzen wird wohl das Abenteuer gelockt haben, die eigene Geschicklichkeit an dem berühmten Stier zu erproben.

Die schreckliche Botschaft vom Tod des geliebten Sohnes brachte den Vater fast um. Er schwor, sich an König Aigeus und den Athenern fürchterlich zu rächen. Damals beherrschte Minos mit seiner Flotte das Mittelmeer. Er landete an der Küste Attikas, und bald hatte er Athen bezwungen. Die Athener mußten fortan einen furchtbaren Tribut entrichten: In jedem neunten Jahr waren sieben Knaben und sieben Mädchen nach Kreta zu senden, um dem Minotauros im Labyrinthos geopfert zu werden.

Als THESEUS, der Sohn des Königs Aigeus, den Stier von Marathon besiegte, waren schon achtzehn Jahre vorbei, und zum dritten Mal war die Opferschar auszulosen. Theseus, der junge Draufgänger, witterte ein neues Abenteuer und meldete sich freiwillig als einer der sieben Jünglinge. Manche behaupteten, auch er sei ausgelost worden. Jedenfalls war er beim dritten Mal dabei, und das war entscheidend. Mit schwarzem Segel lief das Schiff aus, das den Königssohn und seine Gefährten nach Knossos brachte. Da Aigeus noch nicht alle Hoffnung aufgegeben hatte, führte die Besatzung nach seiner Anweisung ein weißes Segel mit, das im Falle einer glücklichen Heimkehr gehißt werden sollte.

27

Theseus und Ariadne, auf einer kretischen Kanne aus Arkades (frühes 7. Jh.)

Gleich nach der Ankunft in Knossos muß es dem aufgeweck-
ten Theseus gelungen sein, ein Stelldichein mit der königlichen Prinzessin zu arrangieren. Ariadne verliebte sich auf
den ersten Blick in ihn und beschwor ihn, sie zur Gattin zu
nehmen, wenn er aus dem LABYRINTHOS glücklich zurück-
komme. Damit dies aber gelänge, gab sie ihm ein Garnknäuel,
mit dessen Hilfe er in den Labyrinthos hinein- und wieder
herausfinden könne. Theseus versprach hoch und heilig, sie
zu heiraten und mit ihr nach Athen zurückzukehren.

Und noch in der gleichen Nacht machte er sich auf den
Weg zu Minotauros.

Das eine Ende des Garnfadens befestigte er am Türstock
des Eingangs, wie Ariadne es ihm gesagt hatte, und indem er
das Knäuel langsam abrollte, schritt er mutig durch das

28

Dunkel der Gänge, bis er die Kammer mit dem schlafenden Ungeheuer gefunden hatte.

Wie Theseus den furchtbaren Gegner tötete, bleibt letztlich ein Geheimnis. Nach Ariadnes Willen sollte er ihn am Stirnhaar ergreifen und dem POSEIDON opfern. Erstach er ihn mit dem Schwert, das Ariadne vorsorglich mitgegeben hatte? Kam es zu einem wirklichen Zweikampf ebenbürtiger Gegner, oder überwältigte er den Stierköpfigen im Schlaf? Nehmen wir an, daß es ein fast ritterlicher Zweikampf war: Theseus mit Schwert oder Keule, Minotauros mit einem Stein, oder beide im Ringkampf die Hände gebrauchend, bis der Stiermensch im Würgegriff des athenischen Draufgängers zusammenbrach. In diesem Augenblick wurde Theseus zu einem wahren Helden, zum Befreier seiner Gefährten und seiner Vaterstadt.

Was folgte, war fast ein Kinderspiel: Am *Faden der Ariadne*, das Knäuel wieder aufrollend, fand er aus dem Labyrinthos

Theseus kämpft mit dem Minotauros
Schildrelief von Olympia, um 600 v. Chr.

hinaus in die Freiheit, hinein in Ariadnes leidenschaftliche Umarmung. Seine Gefährten befreite er listig aus dem Gewahrsam des Minos. Bevor er mit ihnen und Ariadne das Schiff bestieg, schlug er die Böden der kretischen Schiffe ein; unerreichbar waren die Geretteten nun dem wütenden Minos.

Einige Tage später landete er auf der Insel Dia, die heute Naxos genannt wird. Was dort geschah, ist wiederum so geheimnisvoll, daß uns nur Vermutungen bleiben, uralt überlieferte Vermutungen, die sich widersprechen. Nach der Erzählung von der Himmelfahrt der Ariadne war es Theseus nicht vergönnt, die Geliebte heimzuführen, denn der Gott Dionysos erschien auf Naxos, entführte die schöne Braut und feierte mit ihr heilige Hochzeit. War Ariadne schon vorher die Verlobte des Gottes gewesen, und hatte er die Ungetreue, die in Liebe zu Theseus entbrannt war, nur zurückgeholt, wie manche vermuten?

Die bekanntere Version dessen, was sich auf Naxos abgespielt hat, spricht von der Untreue des Theseus: Er habe die schlafende Ariadne einfach vergessen, sie an der Küste zurückgelassen und sei weitergesegelt. Wie erklärt man aber die Untreue des großen Helden? Antike Männerphantasie sagt: Helden gehen nicht nur über Leichen, sondern pflücken auch alle Blumen der Liebe am Wegrand. Der Name der neuen soll Aigle gewesen sein, *das Licht*, eine Tochter des Panopeus, ein lichtes Mädchen wie Ariadne. Sollte man Theseus einen solchen Zynismus zutrauen?

Nein, sagen die Apologeten, der Held wurde ja unter Druck gesetzt: entweder durch ein eindringliches Gespräch, das Dionysos, unterstützt von Pallas Athene, mit ihm führte, oder durch einen einschüchternden Traum, den ihm der liebestolle Gott schickte. Und warum, fügen sie hinzu, sollte sich Theseus, der zu seinem Leidwesen die geliebte Ariadne aufgeben mußte, nicht mit Aigle getröstet haben?

Die entschiedenen Moralisten unter den Erzählern rufen dagegen auf die ungetreue Braut Ariadne die grausame Rache des Himmels herab: Entweder habe Artemis sie mit ihren Pfeilen getötet, oder sie sei auf der Insel im Wochenbett gestorben – von allen verlassen. Vom Standpunkt der Moral gesehen hatte sie nichts Besseres verdient: Immerhin hatte die Prinzessin ihren Halbbruder Minotauros dem Fremden ans Messer geliefert, hatte einen wichtigen Staatsakt vereitelt, der die Oberhoheit des minoischen Reiches über Athen symbolisierte, hatte ihren Vater Minos hintergangen ... Das war nicht nur Verrat, das war Hochverrat!

Theseus verließ Naxos jedenfalls ohne seine Geliebte, behielt aber eine Statue der Aphrodite, die Ariadne von Kreta mitgenommen hatte. Als er mit seinen Gefährten auf der Insel Delos landete, brachte er dort dem Apollon ein Opfer dar und stellte die Statue auf, die fortan von den Bewohnern als ARIADNE APHRODITE verehrt wurde. Zur Feier der gelungenen Befreiung aber führte der Held mit den Jungen und Mädchen einen Reigen auf, der die Windungen des Labyrinthos *in einem gewissen Rhythmus* nachahmte. Seitdem tanzten die Delier beim Fest der Aphrodite den GERANOS, den Kranichtanz. Die Geretteten aber machten sich auf den Heimweg.

Als sie sich der Küste Attikas näherten, vergaßen sie in ihrer Freude, das schwarze gegen das weiße Segel auszutauschen. Aigeus, der wartende König, erblickte das schwarze, welches das Schiff bei der Abfahrt getragen, und stürzte sich voller Verzweiflung vom Felsen. So wurde Theseus sein Nachfolger. Aber nicht nur das: Seitdem verehrten ihn die Athener als den Gründer ihres Stadtstaates, hervorgegangen aus den vereinigten Gemeinden Attikas, und später galt er ihnen als der weise Herrscher, der die Königsgewalt beschränkte und die Demokratie auf den Weg brachte.

Eine traurige Geschichte voll menschlicher Katastrophen, diese Geschichte von Minos und Pasiphaë, von Minotauros und dem Labyrinthos, vom zwielichtigen Asylanten Daidalos, von Theseus und Ariadne, eine Geschichte von Ehebruch und maßloser Leidenschaft, von Lug und Trug, Verrat und Untreue, eine Geschichte aber auch vom lockenden Abenteuer, von Klugheit und Mut, von Rettung und Befreiung, nicht zuletzt von der Liebe, die das scheinbar Unmögliche möglich macht. Sie wurde seit vielen Jahrhunderten immer wieder neu erzählt und verband sich unauflöslich mit der jahrtausendealten Vorstellung vom Labyrinth, diesem geheimnisvollen Bild des menschlichen Lebens in dieser Welt.

2
Der Baumeister

Das Labyrinth von Kreta
Zeichnung eines unbekannten paduanischen Miniators um 1465

Minos beschließt seine Scham hinweg aus dem Hause zu schaffen
und in den finsteren Bau mit den vielen Kammern zu schließen.
Daedalus baut das Werk, in der Kunst der berühmteste Meister.
Und er versieht seine Kammern mit täuschenden Zeichen;
die Augen führt
in den Krümmen der kraus sich verschlingenden Gänge er irre.

Ovid, Metamorphosen

Den Faden der Ariadne benötigte Theseus nicht, um zum
Zentrum des Labyrinths zu gelangen, sondern um den Rückweg zu finden. Ist das nicht sonderbar? Muß man nicht
annehmen, daß Hin- und Rückweg identisch sind und daß
der Weg ins Freie mit derselben Sicherheit gefunden wird wie
der Weg ins Innere? Oder gibt es zwei verschiedene Wege: der
eine unverfänglich, der andere aber in die Irre führend, so daß
ein Entkommen schwer oder so gut wie unmöglich ist?

ANDRÉ GIDE hat in seiner Theseus-Erzählung das Problem
mit dem Ariadnefaden in eigenwilliger Weise gelöst: Er geht
davon aus, daß es nur einen einzigen Weg gibt, jedoch für den
Rückweg eine außergewöhnliche Hilfe nötig ist, weil Daidalos
das Labyrinth mit narkotischen Dünsten versehen hat, die den
Besucher in eine faszinierende Traumwelt versetzen; im Labyrinth der eigenen Einbildungen und Visionen gefangen, könnte
er zurückkehren, will es aber gar nicht. Um Theseus vor diesem
Schicksal zu bewahren, erhält die verliebte Ariadne von Daidalos einen hinreichend strapazierfähigen Faden, der die Vollendung des Unternehmens gewährleisten soll. Was hätte denn
auch der Sieg über Minotauros genützt, wenn Theseus der
Geliebten im Drogenparadies verlorengegangen wäre?

Als wir daher vor dem Eingang des Labyrinths angekommen waren – einer Pforte, die mit dem in Kreta überall angebrachten Doppelbeil verziert war –, beschwor ich Ariadne, nicht von der Stelle zu weichen. Sie hielt darauf, das Fadenende selbst an meinem Handgelenk zu befestigen, und zwar durch einen Knoten, den sie als Symbol der Ehe ausgab; dann hielt sie ihre Lippen auf meine gepreßt während einer, wie mir schien, endlosen Zeit. Ich hatte es eilig, vorwärts zu dringen.[1]

Soweit die moderne Version!

Der unbekannte paduanische Zeichner, der um die Mitte des fünfzehnten Jahrhunderts das *Labyrinth von Kreta* mit Minotauros als Kentaur darstellte, gibt ebenfalls eine klare Antwort: Es gibt nur einen einzigen Weg, der hinein- und herausführt. Und damit dies auch jeder Betrachter bemerkt, kennzeichnet er den identischen Ein- und Ausgang mit dem lateinischen Wort *via*.[2]

Die spätmittelalterliche Miniatur gibt uns noch einen anderen Hinweis: Wer ein Labyrinth darstellen will, zeichnet einen architektonischen Grundriß. Merkwürdigerweise aber sperrt sich unsere Phantasie, wenn sie aufgefordert wird, auf diesem Grundriß ein Gebäude zu errichten. Könnte es sein, daß der *Labyrinthos des Daidalos* gar kein Bauwerk im herkömmlichen Sinn war? Was aber konnte dann Daidalos erfunden und gebaut haben?

Der Dichter HOMER beschreibt in seiner »Ilias«, der Geschichte vom Kampf um Troja, die Abbildungen auf dem Schild, den der Gott Hephaistos, der Hinkende, für Achilleus angefertigt hatte:

> Und auf ihm bildete einen Reigen
> der ringsberühmte Hinkende,
> Dem gleichend, den einst in der breiten Knosos
> Daidalos gefertigt hatte für die flechtenschöne Ariadne.[3]

Einen Reigen für Ariadne? Die Griechen sagten *chorós* und meinten damit entweder einen Tanz oder den dazugehörigen

36

Tanzplatz. Einen anderen Hinweis gibt uns ein mykenisches Tontäfelchen, das in Knossos gefunden wurde und in die Zeit um 1400 v. Chr. datiert wird.[4] Seine Inschrift wird mit den Worten übersetzt:

> Ein Honigtopf für alle Götter
> Ein Honigtopf für die Herrin des Labyrinths.

Ariadne: die Herrin des Labyrinths, eine Göttin, der geopfert wird? Das Labyrinth: eine Kultstätte oder ein sakraler Tanzplatz mit labyrinthförmiger Gangführung?

Ich stelle mir vor: Daidalos baut für die göttliche Ariadne einen kunstvollen Tanzplatz, und es tanzen zu ihrer Verehrung die jungen Leute, sieben Knaben und sieben Mädchen, den Reigen, allen voran Theseus als Führer der Tanzgruppe, in der Hand den *Faden der Ariadne* – ein Seil vielleicht, das sie alle zusammenhält –, und so gelangen sie, in pendelnder Bewegung, tanzend und singend zur Mitte des Labyrinths, aber nur Theseus kommt dorthin, nicht die Gefährten, denn am Ende des verschlungenen Weges stockt die Kette der Tänzer, der Tanz ist zu Ende, weil der Führer in die Sackgasse geraten ist, weil er im Zentrum des Labyrinths gefangen ist. Da hilft nur der Faden der Ariadne: Umdrehen und zurücktanzen heißt die Parole, aber ohne den bisherigen Anführer; der bildet jetzt zwangsläufig den Schluß der Tänzerkette, von den anderen am Seil gezogen. Singend und tanzend erreichen sie den Ausgang.

So könnten wir uns die alte Geschichte von Theseus und seinen Gefährten im kretischen Labyrinth vorstellen. Auf der Rückfahrt von ihrer Kretareise wiederholen die jungen Leute auf der Insel Delos ihren Tanz zu Ehren der *Herrin des Labyrinths:* der Ariadne Aphrodite, Gattin des Dionysos.

Wo bleibt bei dieser Erklärung Minotauros, der *Asterios* genannte?

Offensichtlich haben die Griechen eine andere Erzähltradition mit der Geschichte von der Kretareise der jungen Athener verknüpft: einen Mythos, der von Minos, Pasiphaë und dem Stier des Minos handelt. Dieser Mythos hatte zunächst nichts mit dem Tanzplatz der Ariadne zu tun, sondern erinnerte an uralte kretische Göttergeschichten, an heilige Höhlen, an den Abstieg zur Unterwelt und die Auferstehung zu neuem Leben. Und dabei durfte das göttliche Tier der frühen Mittelmeerkulturen nicht fehlen: der Stier und seine Kuh.[5]

Was also baute Daidalos dem Minos und seinem Stier?

Aus dem ebenerdigen Tanzplatz, dessen labyrinthisches Muster vielleicht gar nicht gemauert, sondern mit Steinplatten gelegt war, wird in den Erzählungen der Griechen der Labyrinthos, ein kunstvolles Gebäude, das wir uns als unterweltliches, höhlenartiges Bauwerk vorstellen. Da dieses aber auf Kreta nicht zu finden war, was schon die antiken Schriftsteller mit Bedauern vermeldeten, wurde in neuerer Zeit der Palast von Knossos mit dem Labyrinth als dem vermeintlichen »Haus der Doppelaxt« (LABRYS) identifiziert, eine Spekulation, die – von dem Archäologen SIR ARTHUR EVANS in die Welt gesetzt – gelegentlich auch heute noch gegen bessere Einsicht als Faktum kolportiert wird.[6] Eine ähnliche Erfindung, die allerdings schon eine jahrtausendalte Patina aufweist, ist die Geschichte vom Ägyptischen Labyrinth. Die erste Nachricht davon stammt aus dem 5. vorchristlichen Jahrhundert: Der griechische Historiker HERODOT VON HALIKARNASS berichtet in seinen »Historien« aus eigener Anschauung von dem ungewöhnlich großen Totentempel, den sich der Pharao AMENEMHET III. um das Jahr 1800 v. Chr. bei seiner Pyramide bauen ließ, und bezeichnet dieses früher als Weltwunder geltende Bauwerk als Labyrinth. Nun muß man wissen, daß dies damals nichts anderes bedeutete als ein großer, staunenerregender, aus Stein sehr sorgfältig erbauter Gebäudekomplex.[7] Ein halbes Jahrtausend später bekamen die Römer in der »Naturgeschichte« des Schriftstellers GAIUS PLINIUS SECUNDUS D. Ä. scheinbar Genaueres zu lesen:

Auch von den Labyrinthen will ich sprechen, den abenteuerlichsten Werken von Menschenhand, die aber darum doch nicht, wie man glauben könnte, nur Erdichtung sind. Noch jetzt besteht in Ägypten im herakleiopolitischen Nomos eins, und zwar das erste, das, wie man sagt, vor 3600 Jahren von König Petesuchus, der auch Tithoes heißt, erbaut ist. (...) Unbezweifelt nahm Daidalos dies Labyrinth zum Vorbild dessen, welches er in Kreta baute, das aber nur den hundertsten Teil so groß ist und eine Menge krummer Gänge, Gegengänge und unentwirrbare Windungen enthält, nicht aber ein solches ist, wie wir es wohl auf Estrich oder auf Spielplätzen von Kindern sehen, welches auf einem kleinen Flecke einen Raum von einigen Tausend Schritten zum Umhergehen enthält; sondern es waren viele Türen darin angebracht, um das Begegnen zu erschweren und wieder in die Irrgänge zurückzuleiten. Nach dem Ägyptischen war dies das zweite Labyrinth; das dritte war das in Lemnos, das vierte in Italien.[8]

Aus dem bewunderungswürdigen Bau des Pharao war inzwischen auf dem Weg des Hören-Sagens ein Irrgang-Gebäude geworden, das vermeintliche Modell für den minoischen Labyrinthos. Die Phantasie der Mythenerzähler, die von Minotauros ausgegangen war, hatte hier – und das nicht zum ersten Mal – die Vorstellung der Menschen von der Wirklichkeit geprägt! Gewiß war schon Plinius ein eifriger Leser der beiden epischen Werke römischer Autoren, die zu Klassikern der römischen und schließlich der europäischen Literatur geworden sind: VERGILS »Aeneis« und OVIDS »Metamorphosen«. Im fünften Buch der »Aeneis« konnte er die poetische Deutung des Trojaspiels der römischen Knaben finden, das Muster für seine eigenen Vorstellungen:

Wie das Labyrinth auf Kretas Höhen vor Zeiten
Wegegespinst aus Wänden voll Nacht und täuschendem Trug
mit tausend von Gängen der Sage nach bot,
wo weisenden Zeichen Wirkung raubte
der Wirrwarr des rückkehrweigernden Irrgangs,
also flechten die Söhne der Teukrer die Spuren im Reigen
täuschend in eins und verweben Flucht und Gefechte
beim Spielen gleich Delphinen,

welche beim Schwimmen durch Meeresgewässer
libyisches Meer und karpathisches (flink im Spiel)
durchschneiden.[9]

Im sechsten Buch schließlich belebte Vergil den Labyrinthos
mit den Figuren des Mythos:

> Hier schaute man des Labyrinthes Maschen,
> In die der Weg sich unentrinnbar fing;
> Doch ob dem großen Lieben Ariadne's
> Erfaßte Mitleid Daedalus: so löste
> Er selbst des Baus verschlung'ne Rätselgänge
> Und leitete den blinden Schritt am Garn.[10]

HIC LABOR ILLE DOMUS ET INEXTRICABILIS ERROR... Im
Gedächtnis der Zeitgenossen und Nachgeborenen haftete die
Formel INEXTRICABILIS ERROR, der unentwirrbare Irrgang.
Leicht fand man die Entsprechung in den »Metamorphosen«
des Ovid: ET LUMINA FLEXU DUCIT IN ERROREM VARIARUM
AMBAGE VIARUM, und führt das Auge in die Irre durch
krumme, verschlungene Gänge.[11] Kein Zweifel: Nur der
Faden der Ariadne konnte Theseus aus diesem tödlichen
Wirrwarr retten und nur der geniale Konstrukteur des finste-
ren Baues auf die rettende Idee kommen: Daidalos, der Mit-
leid mit der verliebten Prinzessin verspürte.

Merkwürdigerweise wurde der Labyrinthos des Daidalos,
obwohl als Irrgang-Gebäude vorgestellt, jahrhundertelang
durch die Figur des klassischen Ein-Weg-Labyrinths dargestellt. Plinius kannte, wie seine Darstellung beweist, die römischen Mosaik-Labyrinthe, die die Kinder zu spielender Bewegung einluden; und wahrscheinlich war es ein Kind, das die
Labyrinth-Figur am Haus des MARCUS LUCRETIUS in Pompeji
einritzte und mit dem Kommentar versah: LABYRINTHUS HIC
HABITAT MINOTAURUS (s. S. 20). Und was in der Antike galt, war
auch im Mittelalter selbstverständlich. Es ist gerade so, als ob
entgegen aller Kenntnis des unentwirrbaren Irrgangs der
Triumph des Ariadnefadens als des rettenden Weges gefeiert
werden sollte.[12]

Labyrinth aus dem Ostflügel der römischen Thermen von Verdes
(Blois, Frankreich), ca. 200–250 n. Chr.

Auch wir halten uns an diese Grundform des Labyrinths, die geometrische Form und Bewegungsfigur, die uns Symbol ist, eine Idee, die in unserem Gedächtnis verknüpft ist mit Gestalten und Geschichten, die vom Leben erzählen, vom geheimnisvollen, vom schrecklichen und herrlichen Leben.

Als dessen Sinnbild blieb es seit alters her für die Menschen ein faszinierendes Zeichen, das in den Ländern rings um das Mittelmeer und weit darüber hinaus anzutreffen ist: als Felsritzung und Graffito, als Fußbodenmosaik, in kostbaren Handschriften und frühen Drucken, in mittelalterlichen Kathedralen, auf Gemälden und Schmuckstücken, als Rasenlabyrinth in England, als Trojaburg in Nordeuropa, schließlich als Garten-Labyrinth und Irrgarten, ein Ort von Festen und Spielen.

Im Laufe der Jahrhunderte veränderten sich die Vorstellungen vom Labyrinth nach Sinngehalt und Form: eine Idee, die in immer neuen Variationen die Menschen fasziniert. In Europa ist sie mit dem Namen und der Symbolfigur des Daidalos in besonderer Weise verbunden geblieben.

DOMUS DAEDALI, MAISON (DE) DÉDALUS, Haus des Daidalos nannten später die Europäer das Labyrinth, oder einfach nur – wie die Franzosen – *Dédalus*. Meister Daidalos, der bewunderungswürdige Tausendkünstler, wurde zum Urbild des Handwerkers, Technikers und Architekten, mit dem man sich stolz verglich: Die Baumeister der mittelalterlichen Kathedralen, dieser beeindruckenden Bauwerke, erinnerten an ihr fachmännisches Wissen und ihre geniale Leistung, indem sie sich in den Labyrinthen dieser Kirchen verewigten oder die Schlußsteine mit dem Labyrinthzeichen versahen: Seht her, ein neues Haus des Daidalos!

Und Daidalos baute nicht nur Tempel und Paläste, Kathedralen und Burgen, sondern ganze Städte: Troja und Konstantinopel, Jericho und Jerusalem – symbolische Städte, vorgestellt als Labyrinthe, die Stadt als geschützter heiliger Bezirk und als Abbild der Welt, das Labyrinth gesehen als befestigte Stadt mit Mauern, Zinnen, Ecktürmen und einem Eingangstor.

Noch die englischen Rasen-Labyrinthe erinnern an das Sinnbild der Stadt: WALLS OF TROY hießen sie manchmal, Mauern von Troja. Und sie erinnern an Daidalos, den Erfinder der labyrinthisch verschlungenen Mauern.

3
Mißverständnisse

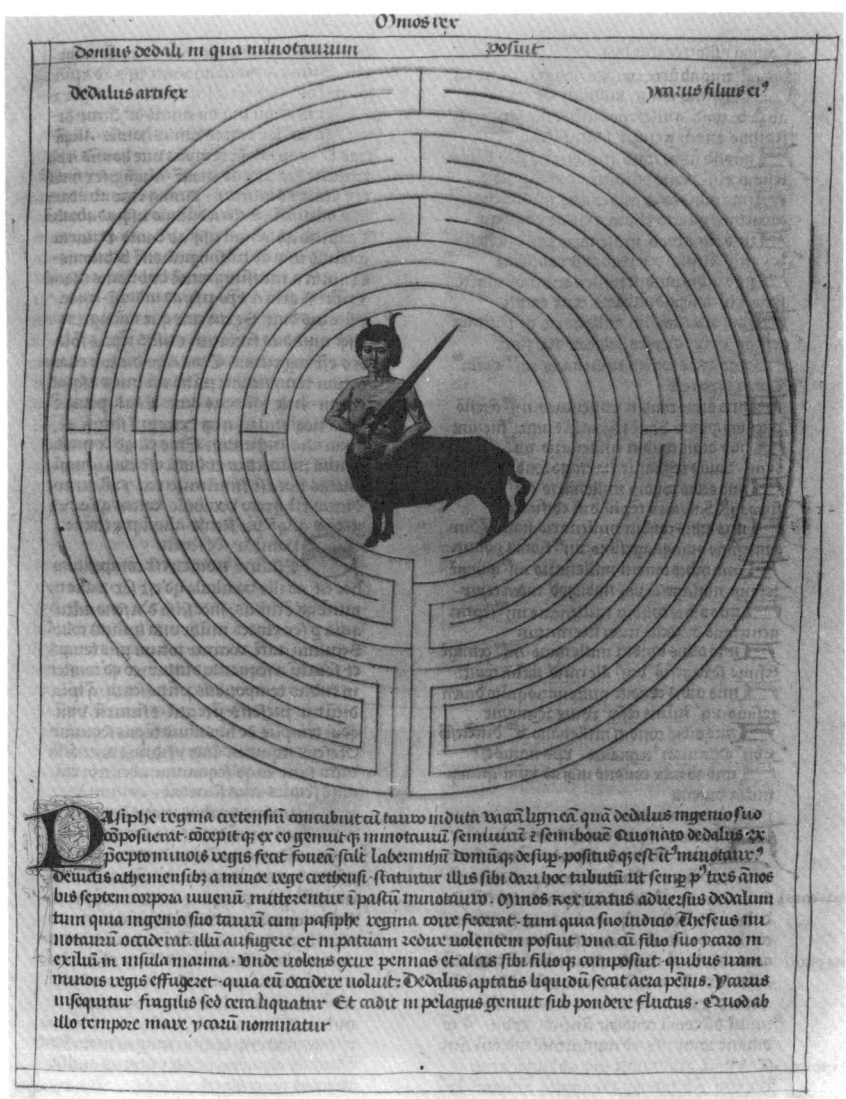

Liber Floridus
Lambert von Saint-Omer
Genter Handschrift (ca. 1060–1123), Kopie aus dem 15. Jahrhundert

Als Gegenbild sah man am andren Tor
Das Eiland Kreta aus den Fluten ragen:
Pasiphae, die sich in grauser Brunst
Heimlich dem Stier gesellte, schuf er hier
Und Minotaur, halb Mensch – halb Tiergebilde,
Der sünd'gen Wollust zwitterhaftes Mal.

Vergil, Aeneis

Mittelalterliche Gelehrsamkeit schöpfte ihr Wissen aus den antiken Quellen. Liebevoll sammelten kluge Mönche und geistliche Herren die alten Schätze und vermittelten sie mit pädagogischem Eifer an ihr bildungswilliges Publikum, an Kleriker und Nonnen, späterhin an die Studenten der Universitäten. Eine der erfolgreichsten *Blütenlesen* dieser Zeit war der 1121 vollendete »*Liber Floridus*« des Kanonikus Lambert, eines Chorherren im Kapitel der Kathedrale von Saint-Omer. In zahlreichen Manuskripten war dieses Buch bis zum Ausgang des Mittelalters verbreitet – in heutigen Begriffen wahrhaft ein Bestseller. Was erfuhren die Gebildeten jener Zeit vom kretischen Labyrinth, dem Haus des Daidalos?

Die Kopie aus dem 15. Jahrhundert[1] zeigt in einem Labyrinth mit elf Umgängen die Gestalt des Minotauros: ein Stier mit dem Oberkörper und Kopf eines Mannes, freilich ergänzt durch Hörner, die nicht nur einem Stier, sondern auch einem Ziegenbock gehören könnten – ein bewaffnetes Zwitterwesen, jedoch ganz hübsch anzusehen. Drumherum die kommentierenden Bemerkungen des mittelalterlichen Aufklärers:

45

DOMUS DEDALI IN QUA MINOTAURUM MINOS REX POSUIT.
Das Haus des Daidalos, in das König Minos den Mino-
tauros einsperrte.
DEDALUS ARTIFEX. Daidalos, der Kunstfertige.
YCARUS FILIUS EIUS. Ikaros, sein Sohn.

Im Original des 12. Jahrhunderts ist außerdem zu lesen:

PASIPHE REGINA. Königin Pasiphaë.
MINOTAURUS IN LABERINTHO. Minotauros im Labyrinth.

Im Personenverzeichnis ausgelassen haben die frommen
Gelehrten, die den Liber floridus geschaffen und kopiert
haben, das berühmte Liebespaar dieser alten Geschichte:
Theseus, den königlichen Prinzen aus Athen, und Ariadne,
die Tochter des Minos und der Pasiphaë. Theseus wird nur
beiläufig in der Kurzfassung der Geschichte erwähnt, die den
unteren Teil des Blattes einnimmt. Ariadne, die strahlendste
Figur der ganzen Geschichte, erscheint überhaupt nicht auf
der Bildfläche. Die kretische Prinzessin und ihr Faden paß-
ten ganz offensichtlich nicht ins Konzept. Interessiert war
Lambert von Saint-Omer an Denkwürdigkeiten und Welt-
wundern vor allem architektonischer Art, und zu diesen
MIRABILIA gehörte für ihn auch das kretische Labyrinth, das
er sich als eine Kombination von Höhle und Haus vorstellte.
Selbstverständlich mußte bei der Präsentation dieses Wun-
derwerks sein Erfinder und Baumeister gewürdigt werden.
Was veranlaßte ihn, das grausliche Höhlenhaus zu bauen,
und welche Konsequenzen ergaben sich daraus für ihn und
seinen Sohn?
Versuchen wir, den lateinischen Text der Labyrinth-
Geschichte zu übersetzen:

Pasiphaë, die Königin der Kreter, trieb es mit einem Stier,
und zwar so, daß sie in eine hölzerne Kuh schlüpfte, die
Daidalos genialerweise geschaffen hatte. Und sie wurde
davon schwanger und gebar den Minotauros, halb Mann,
halb Stier. Als dieser geboren war, baute Daidalos auf

Befehl des Königs Minos eine höhlenartige Anlage, genannt das Labyrinth, und darüber ein Haus. Und dahinein wurde der Minotauros gesetzt. Als Minos, der kretische König, die Athener siegreich geschlagen hatte, legte er ihnen auf, daß ihm folgender Tribut gegeben werde: Jeweils nach drei Jahren sollten zweimal sieben junge Männer dem Minotauros zur Fütterung geschickt werden. König Minos (war) voll Zorn auf Daidalos, weil dieser dank seiner Erfindungsgabe bewerkstelligt hatte, daß sich der Stier mit der Königin Pasiphaë paaren konnte, aber auch deshalb, weil durch dessen Verrat Theseus den Minotauros getötet hatte ...[2]

Pasiphaës perverse Verbindung mit dem Stier wird gleich zweimal erwähnt, ein Mirakel ganz besonderer Art. Kopfschüttelnd nehmen wir es zur Kenntnis.

In den Geschichten, die sich die Griechen davon erzählten, erfahren wir etwas mehr über diese merkwürdige Liebe der Königin. Pasiphaë ist nicht irgendwer, sondern die Tochter des Sonnengottes HELIOS und der Mondgöttin PERSEIS, sie ist *die allen Leuchtende*. Ausgerechnet dieses hochkarätige göttliche Wesen verliebte sich in einen Stier, freilich keinen gewöhnlichen, sondern den wunderschönen, weißglänzenden Stier, den die Götter nach Kreta geschickt hatten.

Es wird erzählt, König Minos habe sich an den Gott POSEIDON um Bestätigung seiner Herrschaft gewandt. Er bat ihn um ein Zeichen, um ein Opfertier, das er dem Gott darbringen werde. In diesem Augenblick schwamm der strahlend weiße Stier ans Ufer, und Minos war von dessen Erscheinung so fasziniert, daß er ihn für sich behielt und ein anderes Tier an seiner Stelle tötete. Poseidons Rache blieb nicht aus: Er ließ die Königin in leidenschaftlicher Liebe zu dem göttlichen Stier entbrennen, eine besonders schwere Strafe für einen selbstbewußten Mann wie Minos. Die nicht nur unzüchtige, weil ehebrecherische, sondern widernatürlich-krankhafte Leidenschaft hätte Pasiphaë bis an ihr Lebensende ruhelos umgetrieben, wenn nicht der Vertraute der Königsfamilie, der kluge Daidalos, auf eine befriedigende Lösung des Problems gekommen wäre: Er baute ein hölzernes Gestell, überzog es kunstvoll mit einem Kuhfell und ließ die Königin hineinklettern. Der Erfolg blieb nicht aus: Der göttliche Stier ließ sich täuschen und besprang begeistert die Attrappe mit dem zarten Innenleben. Man kann sich das Gelächter der Griechen vorstellen, wenn einer diese Geschichte aus dem alten Kreta zum besten gab, aber auch die fromme Entrüstung der keuschen Kleriker und Nonnen, die den Liber floridus lasen. In beiden Fällen spüren wir die Attitüde der moralischen Überlegenheit gegenüber den alten Barbaren, die nur mühsam das Gefühl der kulturellen Abhängigkeit von ihnen überlagerte. Denn das alte Kreta war den schließlich siegreichen Griechen in vielem überlegen, und das gleiche gilt für die antike Welt hinsichtlich der christlich missionierten Europäer. Daidalos, der Künstler und Baumeister, den die Athener später für sich reklamierten, war der Inbegriff von Kretas kultureller Überlegenheit über die Sieger.

Versetzen wir uns vom homerischen Griechenland um ein paar Jahrhunderte und mehr ins minoische Inselreich zurück, indem wir den Spuren uralter Erinnerungen folgen, die die Mythen aufbewahrt haben.[3]

Die Griechen kannten nicht nur die göttliche Abkunft der Königin Pasiphaë, sondern wußten auch, wer die Eltern des Königs Minos waren: Sein Vater war der Himmelsgott ZEUS, der die schöne EUROPA gefreit hatte.[4] Diese, die *mit weiten Augen* oder *mit breitem Gesicht*, war die Tochter des Königs PHOINIX, nach dem das Land Phönizien seinen Namen erhielt. Das Wort PHOINIX bedeutet die rötliche Farbe der Sonne. Ihre Mutter war TELEPHASSA, *die weithin Leuchtende*, oder ARGIOPE, *die mit weißem Gesicht*. Mutter und Tochter glichen also dem Gesicht des Mondes. Eines Tages erblickte Zeus am Gestade des Meeres die Blumen pflückende Europa und verliebte sich in sie. Er kam zu ihr in Gestalt eines Stieres, nicht eines gewöhnlichen, sondern eines dreifarbigen, wie ein altes Vasenbild zeigt, und die Dichter sagten: Sein Atem duftete nach Krokus. Europa war von seiner Erscheinung so hingerissen, daß sie sich willig auf seinen Rücken setzte und übers Meer nach Kreta tragen ließ.

48

Genealogisches

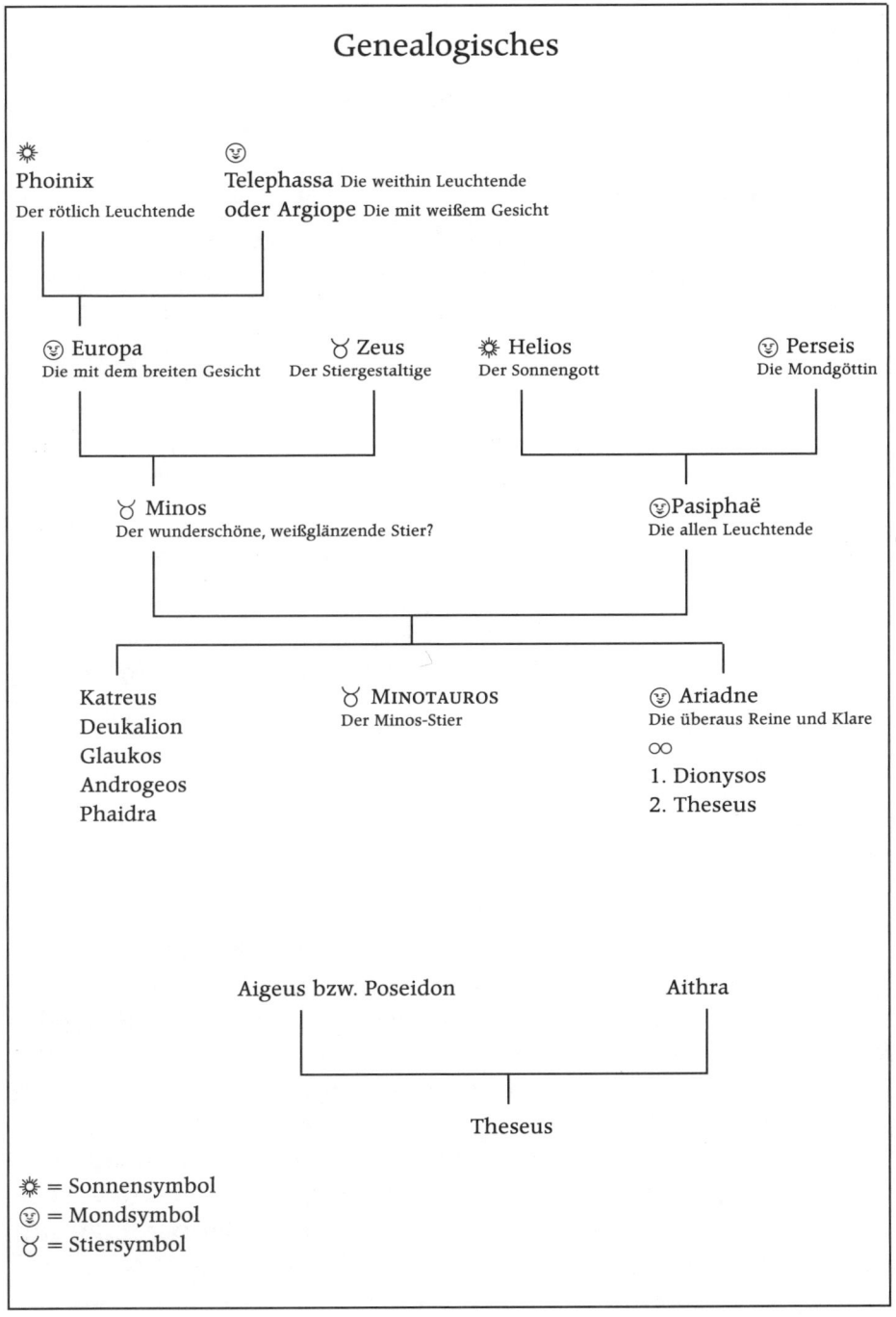

☀ = Sonnensymbol
☺ = Mondsymbol
☿ = Stiersymbol

Zeus entführt Europa. Hydria aus Caere, 6. Jahrhundert v. Chr.

Dort vereinigte sich der Himmelsgott mit ihr in der diktäischen Höhle, oder aber – wie andere erzählen – nahe der Stadt GORTYN in der Krone einer immergrünen Platane, in diesem Fall eher in Gestalt eines Adlers denn eines Stieres. Manche sagen auch, der eigentliche Gatte der Europa sei der König ASTERIOS gewesen, *der Sternen-König*. Aber ist nicht gerade Zeus, der Himmelsvater, der wahre Asterios?

Sonne, Mond und Sterne scheinen sich in der kretischen Königsfamilie ein Stelldichein gegeben zu haben. Sollte Minos, Sohn des stiergestaltigen Zeus, nicht selbst ein Stier gewesen sein, gemäß seiner Herkunft *ein wunderschöner, weißglänzender Stier?* Und warum sollte Pasiphaë, *die allen Leuchtende*, sich nicht als die göttliche Kuh ihrem Gemahl in leidenschaftlicher Liebe hingegeben haben? Dann wäre der Minotauros nichts anderes als das Kind ihrer Liebe, der königliche Prinz und Minos-Stier, ein neuer Asterios, und die ganze Geschichte von der unzüchtigen Liebe der Pasiphaë wäre nichts anderes als ein grobes Mißverständnis.

Um aber die Geschichte ganz verstehen zu können, müssen wir noch tiefer in die Vergangenheit eindringen. Wir verlassen deshalb die himmlischen Gefilde und steigen wieder auf die Erde hinab, und zwar in die Heimat der Prinzessin Europa, der Tochter des Königs Phoinix: Es ist das asiatische Festland, wo die Große Mutter verehrt wurde, die NATURA NATURANS, Verkörperung *der sich ewig gleichbleibenden Urkraft der Natur, der Quelle oder des Grundes des Lebens, wohin das Gewachsene und Entstandene immer wieder zurückkehren mußte, um sich zu erneuern.*[5] Europa war dort nicht eine Himmelsgöttin, sondern eine der vielen Erscheinungen der MAGNA MATER, der Mutter Erde.

Wir Europäer müssen unsere ganze Phantasie aufbieten, um die patriarchalisch geprägte Vorstellungskraft zu überschreiten, die uns eigen ist. Im Mittelmeerraum bestand damals eine weiblich-mütterliche Kultur. Nicht der männliche Gott beherrschte die Welt, sondern die Große Göttin, die Mutter allen Lebens. Sie bleibt sich ewig gleich, während ihr PAREDROS, sozusagen ihr *ständiger Begleiter*, der stiergestaltige Geliebte, dem Wechsel der Jahreszeiten unterworfen, stirbt und aufersteht.

Damit aus der Großen Mutter alljährlich neues Leben entsteht, muß der die Fruchtbarkeit verkörpernde Stiermann im Höhlenschoß der Göttin einen HIEROS GAMOS, eine heilige Hochzeit, vollziehen und sich dadurch selbst verjüngen.[6] Die Rückkehr in den Mutterschoß im heiligen Beischlaf ist todbringend und lebenserneuernd zugleich. Die Zeugung neuen Lebens hat das Sterben der alten Gestalt zur Voraussetzung; aus dem Geliebten wird der Sohn, aus dem Sohn der neue Geliebte. Eine fremdartige Vorstellung! Fremder noch ist die Rede von der Tötung des Geliebten: Die bräutliche Mutter zerreißt ihren stiergestaltigen PAREDROS, damit aus seinem Samen und Blut die neue Vegetation entstehe. So geschieht es nach manchen Berichten dem Gott Dionysos, der in Stiergestalt von den BACCHEN alljährlich zerrissen wird, um im Frühjahr wieder aufzuerstehen.[7]

Auch das minoische Kreta hatte in frühester Zeit an diesen kultischen Traditionen teil. Pasiphaë, die Kuhgöttin, müßte demnach vom Himmel auf die Erde versetzt werden, eine Muttergöttin wie Europa, und Minos wäre ihr stiergestaltiger PAREDROS, der alljährlich oder alle neun Jahre, im Großen Jahr, einen kultischen Tod stirbt, um Natur und Königreich zu regenerieren. Tod und Wiedergeburt finden im Schoß der Göttin statt, der Mutter-Geliebten, tief drinnen im Höhlen-

Pasiphaë und ihr Sohn.
Innenseite einer etruskischen Schale, 340 – 320 v. Chr.

Labyrinth, dargestellt vielleicht durch Priesterin und Priester, die – durch Masken als Kuh und Stier kenntlich gemacht – den rituellen HIEROS GAMOS vollziehen. Und denkbar ist die Tötung eines Stiers als Stellvertreter des Sohn-Geliebten der Göttin.

In der Phantasie der indoeuropäischen Eroberer Kretas, die diese kultischen Vorgänge einfach nicht verstanden, wurde aus der rituell zelebrierten *heiligen Hochzeit* eine tragikomische *Sex-and-Crime-Geschichte*[8], die sie mit der Heldensage von Theseus verknüpften.

Angelpunkt des Mißverständnisses war der Minos-Stier, dessen Name noch in der klassischen Zeit MINOS TAUROS lautete. Aus dem *einen* Stier wurden gleich drei verschiedene

Siegelring aus Mykene, etwa 1500 v. Chr.

Wesen: der König Minos, der seine Stierqualität verlor, der weiße Stier des Poseidon und der Stiermensch, der in den Labyrinthos des Daidalos gesperrt wurde. Aus dem Paredros der göttlichen Pasiphaë, dem Sohn der heiligen Kuh, entstand in der Phantasie der Griechen das schreckliche Ungeheuer, das die athenischen Geiseln verschlang und nur durch einen prinzlichen Helden aus Athen besiegt werden konnte.

Vorurteile regieren die Welt, selbst wenn die anerkannte Wirklichkeit dagegen spricht. So erging es auch den Griechen. In ihren Mythen war Minos der weise Gesetzgeber, der alle neun Jahre, im Großen Jahr, die Höhle des kretischen Zeus aufsuchte, um mit seinem Vater vertrauliche Gespräche zu führen, die ihn befähigten, weitere neun Jahre weise zu regieren. Da gab es die Erzählung von der Geburt des Zeus in der diktäischen Grotte, genau dort, wo der stiergestaltige Himmelsvater der muttergöttlichen Europa beigewohnt hatte.[9] Und warum sollten gerade in jedem Großen Jahr, also alle neun Jahre, athenische Geiseln als Tribut nach Kreta

53

gebracht werden? Der Liber floridus erinnert noch daran, wenn er SEMPER POST TRES ANNOS sagt und *in jedem Großen Jahr* meint. Der Scharfsinn der griechischen Intellektuellen versagte trotz dieser doch so klaren Indizien völlig, sonst wären sie der heimlichen Bedeutung der alten Geschichten auf die Spur gekommen. Wir, die Kinder des aufgeklärten 20. Jahrhunderts, durchschauen dagegen die obskuren Mythen dank der produktiven Phantasie unserer Gelehrten.

Was nun Daidalos betrifft: Die Griechen, irregeführt durch die Athener, glaubten, er sei in Wirklichkeit einer der ihren gewesen, den das Schicksal nach Kreta verschlagen habe. Dort konstruierte er nicht nur die Kuh-Attrappe für Pasiphae und den Labyrinthos für den Minotauros, sondern ermöglichte auch dem athenischen Helden Theseus den Sieg über das kretische Ungeheuer, indem er der Königstochter Ariadne das berühmte Garnknäuel offerierte. Der Liber floridus vermerkt dies mit den Worten: QUIA SUO INDICIO THESEUS MINOTAURUM OCCIDERAT – *weil durch seinen Verrat Theseus den Minotaurus getötet hatte . . .* Im Grunde war Daidalos an allem schuld, aber wohlgemerkt, er war in der Vorstellung der Spätgeborenen ein Athener, und darauf waren noch die späteren Europäer sehr stolz.

Irrtümer machen Geschichte. Was wäre europäische Kunst und Literatur schon ohne diese produktiven Mißverständnisse?

54

4
Befreiung

Tantrisches Diagramm
Indien, ca. 18. Jahrhundert
Die Windungen erinnern an Eingeweideschlingen.
Am Eingang gabelt sich der Weg,
eine Abweichung von der üblichen Vorstellungsweise.

Mein Leben ist das Zögern vor der Geburt.
Franz Kafka, Tagebuch (24. Januar 1922)

Was es mit dem Minotauros auf sich habe, war eigentlich von Anfang an umstritten. Überzeugte Athener, die Vaterlandsliebe als höchste Tugend betrachteten, hielten strikt an der Auffassung fest, die der Tragödiendichter EURIPIDES auf die knappe Formel gebracht hatte:

ein mischgestaltet Wesen, üble Spottgeburt.[1]

Eine üble Spottgeburt darf man töten, ein Ungeheuer, das athenische Jugendliche frißt, muß man umbringen! Für diese Patrioten stellte jede andere Meinung eine Aufweichung des nationalen Mythos dar, eine indirekte Verunglimpfung ihres Helden Theseus, des Retters und Gründers des athenischen Stadtstaates. Leider ist diese diffamierende Auffassung letztendlich – auf Teufel komm raus – europäisches Gemeingut geworden! Die Kreter wehrten sich erfolglos gegen die athenische Propaganda, *sie behaupteten*, so PHILOCHOROS, vermutlich ein linker Intellektueller,

das Labyrinth sei weiter nichts als ein Gefängnis gewesen, an dem sonst nichts Böses war, als daß die darin Gefangenen nicht entfliehen konnten, und Minos habe dem Androgeos zu Ehren ein Kampfspiel veranstaltet und als Preise für die Sieger die Kinder ausgesetzt, die nun eben so lange im Labyrinth in Gewahrsam gehalten wurden.[2]

Das Labyrinth nichts anderes als das Staatsgefängnis! Soweit die Kreter die Existenz des Minotauros nicht einfach leugneten, bestritten sie jedenfalls, daß er Menschen getötet oder gar gefressen habe.

Wenn wir ehrlich sind, müssen wir eingestehen, daß sich nichts Sicheres über das Wesen des Minos-Stiers ausmachen läßt. Ich sehe aber nicht ein, daß wir dem gängigen Vorurteil, mag es literarisch und künstlerisch noch so produktiv gewesen sein, von vornherein auf den Leim gehen. Mein Vorschlag: Wir lesen die Geschichte vom Labyrinth zuerst gegen den Strich, lassen Theseus noch nicht auf die Bühne, sondern schlagen uns versuchsweise auf die altkretische Seite und machen Minotauros zum Helden.

Da ist das Labyrinth, dieser rätselhafteste aller Räume, Gefängnis und bergende, schützende Höhle zugleich, ein Innenraum, der sich zur Außenwelt öffnet und sich ihr auch verschließt, und darin Minotauros, der ASTERIOS genannte: Zwitterwesen aus Tier und Mensch.

Der erste Satz unserer Erzählung könnte lauten: In der Mitte des Labyrinths schläft Minotauros.

Ich stelle mir vor: Da schläft das Wesen, gleichermaßen Tier und Mensch, das einmal ganz *Mensch* werden soll. Dunkel ist die Höhle, eng der verschlungene Gang, durch den sich das junge Wesen winden muß, um das Licht der Welt erblicken zu können. Am Ende wird es ins Offene gelangt sein: geboren zur Freiheit.

Das Labyrinth: ein in die Länge gezogener Uterus, siebenfach gewunden wie Darmschlingen – so oder ähnlich stellen und stellten sich Menschen vor der Aufklärung den Geburtsweg vor. Frühe kindliche Phantasien kommen da überein mit den Ahnungen uralter Mythen, mit anatomischen Lehren des Mittelalters und geburtsmagischen Darstellungen in Indien.[3] Bei den Hopi-Indianern ist das Labyrinth noch heute ein Symbol

Hopi: Tápu'at (Mutter und Kind)   Hopi: Symbol der Mutter Erde

der Mutter Erde sowie der Geburt und Wiedergeburt aus ihr.[4] Die Geburt ist für die schwangere Frau ein schwieriger, schmerzhafter Vorgang, der vorbereitender und begleitender Hilfe bedarf: Das Kind muß aus dem Labyrinth des Uterus herausfinden, ihm muß der Geburtsweg durch sieben Räume in den Eingeweiden der Mutter gewiesen werden; nur wenn das gut gelingt, ist eine rasche und annähernd schmerzlose Entbindung zu erwarten. Wie sie zu erreichen ist, geht aus einem zeitgenössischen indischen Ritualbuch hervor. Darin steht sinngemäß:

> Man reibe Safran mit Gangeswasser an und zeichne damit auf einen Bronze-Teller das Labyrinth, wasche dies mit Gangeswasser ab, gebe es der Gebärenden zu trinken, dann wird es bald zur Geburt kommen, und die Geburtsschmerzen werden beruhigt.[5]

Die Mutter nimmt mit dem Safranwasser aus dem heiligen Ganges das magisch wirksame Labyrinth ein. Modern gesprochen: Dem Kind wird über diesen Kanal die notwendige·

Information über den Geburtsweg zugeleitet, zugleich erhält die Schwangere mit dem Gangeswasser ein geburtsförderndes Medikament, sozusagen ein Abführmittel, denn die Körperöffnungen sind in dieser archaischen Vorstellung merkwürdigerweise vertauscht oder in eins gesetzt.

Aber wir Modern-Aufgeklärten wissen es ja besser: Der Geburtsweg ist in Wirklichkeit kurz und gerade, die labyrinthisch verschlungenen Windungen sind das Produkt kindlicher Phantasie, Weihwasser – ob aus dem Ganges oder aus christlicher Quelle – ist bestenfalls ein psychologisch wirksames Heilmittel für unaufgeklärt-fromme Seelen. Trotzdem: Auch heute ist der Weg durchs Labyrinth ein gültiges Sinnbild der Geburt, nicht des körperlichen Prozesses, sondern der psychischen Geburt und des geistigen Zur-Welt-Kommens, ein Sinnbild der Emanzipation und der Selbstwerdung. Mütter, Väter und andere Erzieher sollten daher das Labyrinth als Erinnerungszeichen und Denkbild vor Augen haben, damit sie fähig werden, den jungen Menschen im rechten Augenblick von sich zu *entbinden* und unbeschadet *zur Welt zu bringen*. Für das Zwitterwesen, das Mensch werden will, ist es Hinweis auf die Schwierigkeit dieses Unternehmens und zugleich Zusage des Gelingens, eine Ermunterung, den Weg ins Freie zuversichtlich zu gehen.

Der Anfang: Minotauros erwacht unsanft. Er wird aus dem Mutterleib ausgetrieben, vertrieben aus dem Paradies – schmerzhaft erlebt er das Ungeheuerliche der Geburt: Gebärmutterspasmen bedrängen ihn, schnüren ihm Sauerstoff und Nahrung ab, treiben ihn in die Beengung des Geburtskanals und beängstigend langsam hinaus aus dem eben noch freundlichen Dunkel und der sanften Wärme des Mutterschoßes in das grelle Licht und die kalte Luft dieser Welt.[6] Unsere erste Begegnung mit der Welt ist schockierend: Abschied vom Heimatlich-Vertrauten der mütterlichen Innenwelt, Sturz ins Unheimliche der unbekannten Außenwelt. Der Schrei, mit dem wir diese Welt begrüßen, kommt einem elementaren Protest gleich, einer noch unartikulierten Beschimpfung, für die sich sehr bald schon ein deftiges Wort einstellen wird; zugleich aber ist dieser Schrei ein dissonanter

Jubel über die Befreiung aus der verdammten Enge ins Offene und – für die Optimisten – auf die erwartete Herrlichkeit des eigenen Lebens. Die Durchtrennung der Nabelschnur besiegelt aufs erste das Abenteuer des Zur-Welt-Kommens.

Zwiespältig ist das Erleben dieser Abenteuerfahrt ins äußere Leben, eher beklemmend als heiter.[7] Wenn der Rückweg in den verlorenen Garten Eden abgeschnitten ist, hilft nur noch die Flucht nach vorn: ins Ungewisse, ins Unvermeidlich-Labyrinthische. Das Mißliche dabei ist, daß das Neugeborene gar nicht dazu gemacht ist, den Herausforderungen des äußeren Lebens gewachsen zu sein. Eher eine erbärmliche Früh- und Fehlgeburt als ein Märchenheld, der auszieht, das Fürchten zu lernen, liegt es völlig hilflos da, *verlegen* im wahrsten Sinne des Wortes, noch benommen von der Anstrengung des Wachwerdens. Wäre da nicht die Mutter, die es umfängt und stillt – es wäre verloren. Die Symbiose von Mutter und Kind, bewährt in der Zeit des vorgeburtlichen Lebens, setzt sich fort und findet ihre Vollendung in den ersten Tagen, Monaten und Jahren der Kinderzeit. Für den Säugling ist die Welt nahezu vollständig identisch mit der warmen, weichen, lächelnden Mutter. Die Wirklichkeit ist noch nicht aufgespalten in Ich und Nicht-Ich, sie ist noch eine Einheit, die *Mama* heißt, an der das Kleine teilhat. Aber die Welt außerhalb der Mama, die *Nicht-Mutter*,[8] macht sich zunehmend mehr bemerkbar, nicht plötzlich, sondern gelegentlich, sozusagen in Schüben, in erträglichen Dosierungen. Nicht auszudenken, dem Kind würde im ersten Augenblick seines Erdenlebens das schrecklich-schöne Ganze unserer Welt unvermittelt vorgestellt!

Das Menschenkind hat den Mutterschoß, das Zentrum des Labyrinths, verlassen und seine Weltreise, die Reise in die Welt, begonnen. Noch ist es dem Ursprung ganz nahe, und in nächster Zeit kehrt es – sich entfernend, sich nähernd – immer wieder in pendelnder Bewegung in die Nähe des Zentrums zurück. Ist es, um neue Kraft zu schöpfen für den weiten, schwierigen Weg nach draußen? Indem es ihn neugierig-gespannt geht, vollzieht sich die Erkenntnis und Aneignung der Welt, zugleich die Entwicklung des Ichs. Früher sagte man *Entwickelung* und dachte dabei noch an den Vorgang des Auswickelns: beim Wickelkind aus der *Wickel*, der Windel herauswachsend, ursprünglich beim Spinnen aus dem Wollknäuel heraus den Faden bildend wie die Nabelschnur aus der Placenta. Der Weg der Entwicklung ist nichts anderes als der Ariadnefaden, der zum Labyrinth so notwendig gehört wie der Minotauros. Dieses Zwitterwesen, Sinnbild unserer frühen Existenz, macht den Ariadnefaden unbewußt zum Leitfaden seiner Entwicklungsgeschichte: In dialektischer Pendelbewegung strebt es dem Ausgang zu, in verwirrendem Hin und Her der Gefühle, vor und zurück, sich seines heimatlichen Ursprungs vergewissernd und dann wieder weit ins Fremde ausgreifend, ängstlich zurückschauend und unreif regredierend, letztendlich aber mutig fortschreitend im Bewußtsein der Freiheit. So scheint es mit innerer Notwendigkeit den Ausgang zu gewinnen und ganz Mensch zu werden.

Menschwerdung. Sie hat seit alters her mit Emanzipation zu tun, mit der Befreiung aus der Unmündigkeit der Kindheit und der Erlangung der rechtlichen Selbständigkeit, die den Vollbürger auszeichnet, in unserem Sinn: mit der Gewinnung der geistigen Autonomie. Etappenweise wird sie erreicht. Gewonnen wird jeweils ein Mehr an Ichheit, an Selbständigkeit. Die Befreiung aus der Abhängigkeit der früheren Bindung geht aber einher mit einer neuerlichen Einbindung. Wir entwickeln uns aus einem Schoß heraus in einen anderen Schoß hinein; Auszug und Einzug in einem: aus dem Mutterschoß in den Schoß der Familie, aus diesem in den Schoß der Gesellschaft. Die Psychologen beschreiben diese Etappen mit großem wissenschaftlichen Aufwand. Nach ihrer Auskunft mündet die Pubertät, der Auszug aus dem familiären Schoß, in die Adoleszenz, die Reife des jungen Erwachsenendaseins, falls nicht irgendwelche Störungen das schwierige Unternehmen zum Scheitern bringen. Wünschenswert ist jedenfalls die Integration in die bestehende Ordnung, die Herstellung einer stabilen Ich-Identität durch Identifizierung mit den Wertvorstellungen und anderen Selbstverständlichkeiten der bestehenden Gesellschaft. Ist damit schon der Ausgang erreicht, die *Autonomie* gewonnen?

Es könnte ja sein, daß die erlebte Selbstbestimmung innerhalb der Gesellschaft zu einem großen Teil nichts anderes ist als eine maskierte Fremdbestimmung: Das anonyme *Man* artikuliert sich täuschend als persönliches Ich. Und das Ich reproduziert selbstverständliche Vorurteile als eigenes Selbstverständnis. Das Problem ist alt. Erstmals zur Sprache gebracht hat es einer, der in einer städtischen Gesellschaft mit demokratischen Traditionen gelebt und gewirkt hat: SOKRATES im Athen des fünften vorchristlichen Jahrhunderts. Im Jahre 399 wurde er angeblich wegen Untergrabung der bestehenden gesellschaftlichen Ordnung, insbesondere wegen Verführung der Jugend, vom Volksgericht zum Tode verurteilt und hingerichtet. Er, der Sohn einer Hebamme, hatte es sich zur Aufgabe gemacht, die Menschen durch eindringliches Fragen zu einer geistigen Geburt zu befähigen. Seine Methode heißt MAIEUTIK: *Hebammenkunst.*[9]

Der Philosoph PLATON, Schüler des Sokrates, erzählt im siebten Buch seiner »*Politeia*« die Geschichte von der Befreiung und Bildung des Menschen zu seiner wahren Bestimmung, bekannt als das *Höhlengleichnis.*[10] Er hat es seinem philosophischen Lehrer in den Mund gelegt; dieser erzählt es dem GLAUKON:

> Stelle dir Menschen vor in einem unterirdischen, höhlenartigen Raum; dieser hat einen Ausgang, der zum Tageslicht hinaufführt, so hoch und breit wie die ganze Höhle. In dieser Höhle leben sie von Kindheit, gefesselt an Schenkeln und Nacken, so daß sie an Ort und Stelle bleiben und immer nur geradeaus schauen; ihrer Fesseln wegen können sie den Kopf nicht herumdrehen.

Im Gegensatz zu unserer Geschichte, die von der Dynamik des Zur-Welt-Kommens erzählt, entwirft Platon ein Bild erstarrten Lebens: Bewegungsunfähige Menschen sehen auf der ihnen zugewandten Höhlenwand Schattenbilder, die hinter ihnen mit Hilfe eines Feuers erzeugt werden. Es sind Dauergäste eines antiken Kinos, die nie die Chance hatten, die geschauten Schattenfiguren mit der Realität dessen zu vergleichen, was sie darstellen; die Gefesselten sind vielmehr überzeugt, in den bewegten Bildern die einzig bestehende Wirklichkeit zu erleben. GLAUKON ist von dem, was SOKRATES erzählt, überrascht.

»Ein seltsames Bild führst du da vor, und seltsam Gefesselte«, sagte er.

»Sie sind uns ähnlich«, erwiderte ich. »Denn erstens: glaubst du, diese Menschen hätten von sich selbst und voneinander je etwas anderes zu sehen bekommen als die Schatten, die das Feuer auf die ihnen gegenüberliegende Seite der Höhle wirft?«

»Wie sollten sie«, sagte er, »wenn sie zeitlebens gezwungen sind, den Kopf unbeweglich zu halten?«

Sie sind uns ähnlich ... Festgehalten durch äußere und mehr noch durch innere Zwänge, wehren wir uns oft genug gegen die Zumutung, von unseren Fesseln befreit zu werden, aufzustehen und die Blickrichtung zu wechseln. Aber nicht nur das geschieht in Platons Gleichnis mit den Höhlenbewohnern, sie werden von ihrem Befreier aufgefordert, sich in Bewegung zu setzen, ihr Schattenkino zu verlassen und ans Tageslicht zu treten.

Und wie ergeht es Minotauros in der Höhle des Labyrinths?

Schwer ist es für ihn, fast unmöglich, ohne verläßliche Hilfe, allein auf sich gestellt, befangen in gängigen Meinungen, den eigenen Wunschbildern oft genug unkritisch vertrauend, eine wirklichkeitsgerechte Vorstellung *von sich selbst* und *von der Welt außer ihm* zu gewinnen und realitätsgerecht handeln zu lernen.

Minotauros benötigt einen Geburtshelfer. Daß das Labyrinth nicht ohne Hilfe eines anderen, eines Liebenden, eines Klugen oder gar Weisen zu bestehen ist, zeigt selbst die athenisch eingefärbte Geschichte von Theseus und Ariadne sehr deutlich: Die ungehorsame Tochter des Minos ermöglicht dem athenischen Prinzen den Ausweg in die Freiheit, indem sie ihn mit Garnknäuel und Schwert ausstattet. Sollten wir einfach die Geschichte ändern und dem hilfsbedürftigen

Minotauros einen freundschaftlichen Theseus entgegen-
schicken, angeworben von der liebenden Halbschwester
Ariadne? Aber das ist zu schön, um wahr zu sein. Bleiben wir
bei Sokrates, dem Sohn der Hebamme. Er müßte kommen,
müßte Geburtshilfe leisten, indem er die Fesseln löst und ihn
dazu bringt, den steilen Weg zum Tageslicht hinaufzugehen,
wie mühevoll das auch sei. Eine gewaltige Anstrengung ist
das, denn der Weg aus dem bequemen Sitz vor den Schatten-
bildern hinauf ins Licht ist nicht nur beschwerlich, sondern
erscheint zunächst völlig widersinnig:

> Und wenn er ans Licht käme, hätte er doch die Augen voll
> Glanz und vermöchte auch rein gar nichts von dem zu
> sehen, was man ihm nun als das Wahre bezeichnete.

Und doch: Wer sich an den Glanz gewöhnt und die Wirklichkeit im Licht erkannt hat, wird nicht mehr ins vormals ange-
nehme Dunkel zurückwollen und mit Scheinbildern vorlieb
nehmen: *Lieber wird er alles andere ertragen als jenes Leben*,
sagt GLAUKON und gibt damit SOKRATES recht.

Trotz Neugier und Freiheitsdrang fürchten wir uns, geboren zu werden, entlassen ins helle, grelle Licht unserer heillo-
sen und doch so faszinierenden Welt. Es bleibt uns nichts
anderes übrig: Jeder muß es wagen.

5
Wiedergeburt

Lucca, Dom San Martino
Labyrinth unter der westlichen Vorhalle des Doms
an der Nordseite des Campanile;
senkrecht hängendes Flachrelief, bei dem die Wege stehengeblieben, die
Trennwände ausgemeißelt sind;
50 cm Durchmesser; um 1200 entstanden

Amen, amen, ich sage dir:
Wenn jemand nicht aus Wasser und Geist geboren wird,
kann er nicht in das Reich Gottes kommen.

Evangelium nach Johannes 3,5

Wenn früher die frommen Leute im italienischen Lucca die westliche Vorhalle ihres Domes SAN MARTINO betraten, sahen sie an der Wand des Campanile in Augenhöhe die Darstellung eines kleinen Labyrinths, in dessen Mitte ursprünglich eine MINOTAUROMACHIE dargestellt war, der Kampf des Theseus mit dem Minotauros. Der eine und andre von ihnen trat heran und fuhr mit dem Finger die Linien nach, so daß sie heute schon ziemlich abgerieben sind. Wer die lateinische Sprache verstand – das waren lange Zeit nur die gelehrten Kleriker –, fand gleich rechts von der Darstellung die Erklärung:

HIC QUEM CRETICUS EDIT DEDALUS EST LABERINTHUS DE QUO NULLUS VADERE QUIVIT QUI FUIT INTUS, NI THESEUS GRATIS ADRIANE STAMINE IUTUS.

Hier ist das Labyrinth, das Daidalos aus Kreta gebaut hat und aus dem niemand herauskommen kann, der einmal drinnen ist; nur dem Theseus ist dies dank des Fadens der Ariadne gelungen.

Ein Steinmetz hat es um das Jahr 1200 ausgemeißelt.[1] War es bloß unterhaltsames Spiel, den Linien mit dem Finger nach-

69

zugehen, oder wollte der Kirchgänger es symbolisch dem Theseus nachtun, bevor er den Raum des Domes betrat?

Es ist erstaunlich, daß Theseus noch für die Menschen des Mittelalters als der Held lebendig ist, der mutig das Labyrinth betritt, den Minotauros bezwingt und wieder ans Licht der Welt zurückkehrt – dank des Fadens der Ariadne.

Für die alten Athener war die Fahrt des Theseus nach Kreta nicht irgendeines seiner Abenteuer, sondern die entscheidende Bewährungsprobe vor Antritt seiner Königsherrschaft, und sie erzählten ihren Kindern die Geschichte von dieser Reise – denke ich – als Gleichnis für das Abenteuer des Lebens: wie die sieben Jungen und sieben Mädchen, die in Knossos Tod und Verderben erwartete, durch Glück und Geschick des königlichen Gefährten alle Gefahren überwanden und wie neugeboren ihren Familien und der Stadt wiedergeschenkt wurden. Und dabei mag sich mit der Zeit eine andere als die übliche Version der Erzählung von dieser Reise durchgesetzt haben, in der nämlich Theseus wie alle anderen Geiseln ausgewählt wird[2]: König Minos, der mit seinem Schiff nach Athen gekommen ist, verschont auch nicht den Sohn des Königs; zusammen mit den anderen muß er das fremde Schiff besteigen, um im Labyrinth geopfert zu werden. Aber schon während der Überfahrt beweist Theseus sein außergewöhnliches Format. Minos, der sich in eines der Mädchen verliebt hat, nimmt sich nämlich heraus, die Wangen der jungen Athenerin zu berühren, als könne er über sie wie über eine Sklavin verfügen. Sie schreit empört auf und ruft nach Theseus. Der tritt dem lüsternen König entgegen und maßregelt ihn:

> Sohn des Zeus, nicht so sind deine Absichten
> und deine Gedanken, wie es sich ziemte!
> Hüte dich vor der Gewalttat!

Selbstbewußt betont Theseus seine Ebenbürtigkeit mit Minos, indem er Poseidon, den Meeresgott, seinen Vater nennt. Minos bezweifelt die göttliche Abkunft des jungen Mannes, den er nur als den Sohn des Aigeus kennt, und fordert einen Beweis. Er selbst betet zu seinem Vater Zeus, ihm mit einem Blitz die Bestätigung der Sohnschaft zu geben, was auch tatsächlich geschieht. Für Theseus hat er sich eine andere Form der Beglaubigung ausgedacht: Er wirft einen Ring ins Wasser und fordert seinen Kontrahenten auf, ihn vom Meeresgrund wieder heraufzuholen; wenn Poseidon wirklich sein Vater sei, werde er ihm ja helfen. Theseus springt unerschrocken in die Tiefe. Minos ist von dem Mut des Jungen durchaus beeindruckt, läßt aber die Fahrt des Schiffes beschleunigen, als wäre die Sache schon entschieden.

Was sich unter den Wellen abspielt, bleibt ihm und den zurückgelassenen Gefährten verborgen: Delphine tragen Theseus in das Haus seines Vaters, in den Palast der NEREIDEN auf dem Grunde der See, dort krönt ihn AMPHITRITE, die Königin, mit dem rosendurchflochtenen Kranz, den sie zu ihrer Hochzeit von der Göttin der Liebe erhielt. In königlichem Schmuck taucht Theseus neben dem Schiff auf und reicht dem erschrockenen Minos den Ring zurück. Wer würde nach dieser glückhaften Tauchfahrt in die Tiefe erwarten, der Gang in die Unterwelt des Labyrinths könnte dem Prinzen mißlingen? Was dort geschieht, ist den Zurückgebliebenen ebenso verborgen wie das Geschehen auf dem Meeresgrund: Theseus begibt sich zum zweiten Mal in einen Bereich, der ihn von allen Menschen absondert, ins Jenseits aller bisherigen Erfahrung und – für die Glücklosen und Unberatenen – in tödliche Gefahr.

Was findet er im Zentrum des Labyrinths?

Nach der Sage ist es das schreckliche Monstrum, das er töten muß, um nicht selbst getötet zu werden, das geopfert wird, damit die athenischen Mädchen und Jungen nicht sein Opfer werden – eine einfache Rechnung! Theseus schlachtet das Ungeheuer – für ihn selbst eine Bewährungsprobe seiner Männlichkeit, die ihn vor allen anderen auszeichnet, zudem eine Befreiungstat, die die Athener aufatmen läßt und den uneingeschränkten Beifall der gesamten aufgeklärten Welt findet. Aber diese altvertraute Lösung ist eine martialische Männerphantasie, die gerade noch dadurch erträglich wird, daß Theseus nur dank des Fadens der Ariadne mit dem Leben davonkommt – zur Genugtuung aller antiken und modernen Feministinnen sei es gesagt.

Versuchen wir es anders: Was unser Held im Dunkel des Zentrums findet, ist nicht ein x-beliebiges Mischwesen aus Stier und Mensch, sondern das MIXTUM COMPOSITUM schlechthin. Die alten Römer hätten es das MONSTRUM SACRUM genannt. Mögliche Übersetzungen: das heilige Ungetüm, das verflixte Wunderwesen, das im Guten wie im Bösen Ungeheuerliche. Minotauros – ein göttliches Wesen, ganz nach der Vorstellung der antiken Welt, nach der *die Götterhimmel von Wesen bevölkert sind, auf deren Konto zahlreiche Vergewaltigungen, Morde, Vatermorde und Inzeste gehen, von Wahnsinnstaten und Bestialitäten ganz zu schweigen.* Es sind Wesen, *aus Bestandteilen und Brocken zusammengesetzt, die verschiedenen Realitätsebenen angehören – Mensch, Tier, Materie, Kosmos.*[3]

Sollte Minotauros ein männlicher Verwandter der SPHINX sein, die dem ÖDIPUS den Zugang zur Stadt Theben verwehrt? *Die Sphinx ist ein Ungeheuer – mit ihrem Frauenkopf, ihrem Löwenkörper, ihrem Drachenschwanz und ihren Adlerschwingen ist sie ein wahres Konglomerat von Unterschieden.*[4] Die Lösung des Rätsels, das sie dem Ödipus aufgibt, ist: *der Mensch.* Kein Wunder, denn Minotauros und Sphinx sind Repräsentationen des Menschen, des Mischwesens schlechthin. Der Mensch schuf das Göttliche nach seinem Bild: von den höchsten Göttern bis zu ihren ungeheuerlichen Derivaten.

Theseus begegnet im mystischen Dunkel des Labyrinths dem heiligen Monstrum, dem Asterios genannten, und er erstaunt, er erstarrt vor dem MYSTERIUM TREMENDUM ET FASCINANS, dem schreckenerregenden und zugleich faszinierenden Geheimnis, dessen Offenbarung er in einer *Mischung aus Furcht und Hingabe, aus Respekt, Begierde und Schrecken*[5] erlebt. Überwältigt, wie gebannt steht er da und schaut. Aber er geht nicht in die Knie, sondern besinnt sich. Es würde ihm jetzt nichts nützen, wie ein Barbar zu irgendeinem Mordinstrument zu greifen, um dem stierköpfigen Ungeheuer den Garaus zu machen.

72

Ödipus und die Sphinx. Attische Schule, 470/460 v. Chr.

Ich stelle mir vor: Je deutlicher er sich der Eigenart seines Gegenübers bewußt wird – ein Aha-Erlebnis, das ihn verwandelt –, steigt in seinem Inneren ein erkennendes Lachen auf, ein Lachen, das Nähe und Distanz, Einverständnis und Protest bekundet. Schau an: der Mensch, das monströse Wesen, das ich selbst bin! Wie Ödipus das Rätsel der Sphinx löst, so ergründet Theseus das Geheimnis des Minotauros. Triumph der Selbsterkenntnis![6]

Für Theseus ist es jedenfalls ein Sieg auf der ganzen Linie: Er kann seinem schrecklich-faszinierenden Ebenbild jetzt ungefährdet den Rücken kehren und am Faden der Ariadne den Weg ins Freie antreten, zurück in die alltägliche Welt, aber neugeboren und gewandelt zur Reife des Erwachsenen, mehr noch: zum Nachfolger seines Vaters, zum König; denn am Ende der Kretafahrt wird Theseus in Athen inthronisiert, in innerer Konsequenz dessen, was der Prinz auf seiner Reise erlebt hat, nicht als Ergebnis eines unglücklichen Zufalls, wie uns die Sage weismachen will.

In den Kulturwissenschaften wird das, was hier von Theseus erzählt worden ist, als INITIATION, Einweihung, bezeichnet: Es ist der Übergang des jungen Menschen in das Erwachsenenstadium und die Aufnahme als vollberechtigtes Mitglied der Gemeinschaft. In den geschlossenen, archaischen Gesellschaften der Naturvölker, in Stammesgesellschaften geschah und geschieht dies dadurch, daß die Jugendlichen aus ihren Familien herausgenommen und in der »Buschzeit« unter Führung eines Lehrers zahlreichen Bewährungsproben ausgesetzt werden.[7] Aber man muß nicht auf Expedition in die letzten Urwälder gehen, um das Phänomen zu studieren: Ein Opernbesuch genügt! Was Pamina recht ist, sollte Tamino billig sein:

> Ein Weib, das Nacht und Tod nicht scheut,
> Ist würdig und wird eingeweiht.[8]

Die beiden werden jedoch in größere Mysterien eingeführt als das normale Erwachsenendasein, Hinweis auf die unterschiedlichen Spielarten der Initiation. Wo und wie auch immer eine solche stattfindet ... *Der Novize steigt aus seiner Prüfung als ein vollkommen anderes Wesen heraus: Er ist ein anderer geworden.*[9] Was mit dem Initianden geschieht, wird mit den Begriffen Tod und Wiedergeburt gedeutet: Erst durch das Sterben des alten Menschen wird die Geburt des neuen Menschen ermöglicht. In den Mythen der Völker wird der Initiationstod symbolisiert durch die Finsternis, die kosmische Nacht, den mütterlichen Schoß der Erde, die Hütte, den Bauch eines Ungeheuers: Bilder des Chaos, des Ursprünglichen, der verschlingenden und gebärenden Tiefe.[10]

Für Theseus sind Meeresabgrund und labyrinthische Unterwelt zu bestehen, bevor er Mann und König wird. In der

74

Tiefe des Meeres erhält er seine Beglaubigung als Sohn des Gottes. Ist es falsch zu sagen, daß er erst mit dem mutigen Sprung ins Wasser seinen göttlichen Rang begründet? Und findet er im Zentrum des Labyrinths nicht sich selbst als das ihm verborgen gebliebene Wesen oder doch eine Dimension seines Wesens, die ihm unbekannt war, deren Kenntnis aber zur menschlichen Reife unabdingbar ist?

Am Faden der Ariadne gelangt er wieder ins Freie, gelingt ihm die Auferstehung. Aber nur der Prinz findet die Gunst der hilfreichen Prinzessin und besteht das Abenteuer der Wiedergeburt. Was ist mit den anderen, den Gefährten der Initiationsreise? Haben auch sie an der Wiedergeburt teil?

Ganz gewiß haben die ungewöhnlichen Erfahrungen dieser Reise in den erwarteten Tod sie erwachsen werden lassen. Aber nur Theseus ist den Weg zu Ende gegangen, nur er hat das letzte Ziel der Fahrt erreicht. Man muß gleich hinzufügen: nicht allein für sich, sondern exemplarisch und stellvertretend für die anderen, der Königssohn für die Gemeinschaft. Die Teilhabe an der stellvertretenden Initiation wird aber nicht einfach deklariert, sondern symbolisch vermittelt, indem nämlich auf einer Station der Rückfahrt im erinnernden *Kranichtanz* der Labyrinthgang des Theseus rituell nachvollzogen, das Vorbild symbolisch *wiederholt* wird.

Auch ohne den Minotauros ist das Labyrinth ein Modell der Initiation, und es liegt nahe, den von Daidalos geschaffenen Tanzplatz der göttlichen Ariadne als einen Ort der Einweihung für die Jugendlichen anzusehen.

Was erfahren die jungen Leute, wenn sie im Ritual der Initiation die Labyrinthfigur durchtanzen?

Eine eindrucksvolle Antwort hat Hermann Kern gegeben, indem er dieses Erlebnis aus der Eigenart dieser Figur deutend entwickelt.[11] Der Initiand steht vor dem einzigen engen Eingang des Labyrinths und hat die Aufgabe, von außen in den abschreckend kompliziert anmutenden Innenraum einzudringen, in einen Raum, der ihn von den Zurückgebliebenen wie ein Gefängnis isoliert, durch eine Bewegung, die ihn von den Draußenbleibenden fortschreitend entfernt, so, als ob er sterben würde. Die Bewegung durch die labyrinthischen Windungen fordert ihm zudem ein hohes Maß an Körperbeherrschung und Anpassungsfähigkeit ab. Ein Wagnis sondergleichen! Sobald er in den Innenraum gelangt ist, erfährt er tanzend den Weg zur Mitte, zum Ziel der Bewegung, als größtmöglichen Umweg: Ein Maximum an Einsatz, an Zeitverlust und an körperlicher Belastung wird ihm abverlangt. Aber auch psychisch wird der Novize gefordert: Das Ziel ist oft zum Greifen nahe, er wird aber immer wieder weggeführt. Geduld und Ausdauer sind vonnöten, damit das Zentrum letztendlich erreicht wird; das aber geschieht mit Sicherheit, denn kein Irr- und Abweg läßt das Wagnis scheitern. Dort aber, am Ziel, ist er mit sich allein, erkennt er sich selbst oder begegnet einem Höheren. Zugleich schließt die zentrale Erfahrung einen radikalen Richtungswechsel ein, denn nur so ist die Rückkehr möglich: Umkehr als Richtungsänderung um 180° – das bedeutet größtmögliche Distanzierung von der eigenen Vergangenheit, ist zugleich Tod des alten Menschen und Wiedergeburt zu einem neuen. Den Weg zurück in die Welt – fast ebenso schwer wie der Hinweg – geht ein Gewandelter, einer, der eine neue Form der Existenz, eine neue Seinsweise gefunden hat.

Hat daran auch der mittelalterliche Fromme in Lucca gedacht oder es doch ahnend erspürt, als er mit dem Finger die Linien des Kirchenlabyrinths nachging?

Ob sich ihm die Sinnhaftigkeit des urtümlichen Lebenssymbols auf diese Weise erschlossen hat, wissen wir nicht. Aber einige Überlieferungen und Indizien aus dieser Zeit lassen erkennen, daß das Labyrinth für ihn eine neue, aber durchaus vergleichbare Bedeutung gehabt haben muß.[12] Theseus, der heidnische Held, ist inzwischen mit einem neuen Namen in die christliche Vorstellungswelt eingegangen: Es ist jetzt Jesus Christus, der Gottmensch, der in die Unterwelt abgestiegen ist – DESCENSUS AD INFEROS – und das höllische Ungeheuer besiegt hat. Aus Minotauros ist – grotesk verändert – der Teufel geworden:

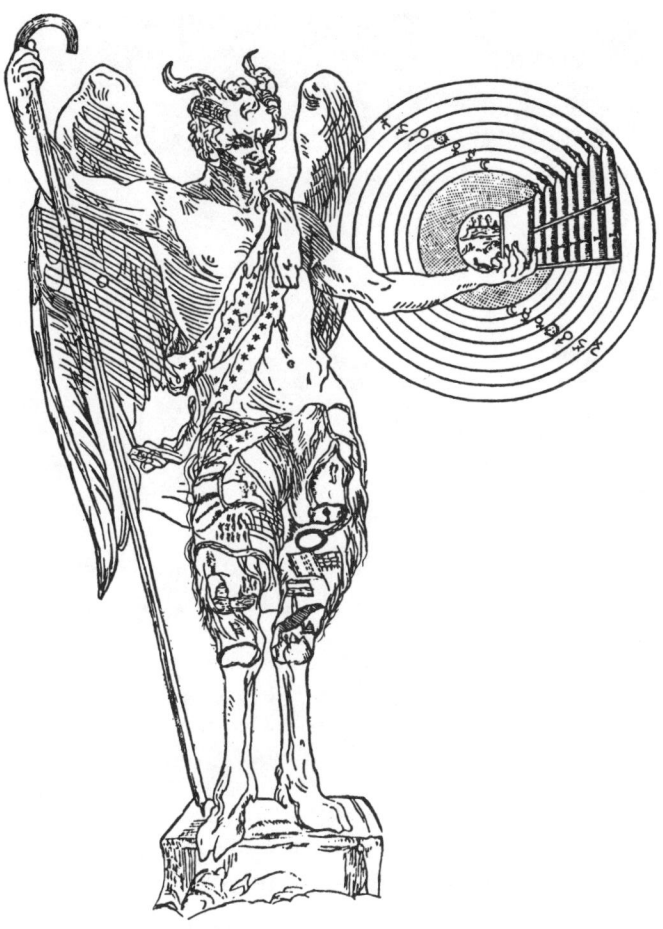

Der Gott Pan, der wie Minotaurus zum christlichen
Teufel gemacht wurde, dargestellt als geflügelter Geiß-
bock mit okkulten Symbolen; seine Flöte symbolisiert
die Harmonie der sieben Sphären.

ein schreckenerregender und doch auch anziehender
Dämon, menschengestaltig, doch mit Bocks- oder Pferdefuß,
Vogelkrallen, Flügeln, Schwanz und Hörnern, der jedoch gelegentlich auch ganz manierlich, einem Engel gleich, als schön-
gekleideter Jüngling oder als Frau von verführerischem Reiz
erscheint.[13]

Anastasis: Auferstehung oder Höllenfahrt Christi
Fresko in der Apsishalbkugel des Parekklesions
der Chora-Kirche in Istanbul.

Der entscheidende Sieg über den Satan – eine metaphysische Grundsatzentscheidung, also auch hier keine brutale Vernichtung – ermöglichte es dem neuen Theseus, die in der Hölle gefangenen Gerechten zu befreien und – gen Himmel fahrend – ihnen das Paradies zu öffnen.

Das Labyrinth erscheint in mittelalterlicher Deutung[14] als Bild der sündigen Welt, von deren Zentrum aus der Teufel noch immer sein Unwesen treibt, wenn auch ohne Aussicht auf dauerhaften Erfolg. Theologisch gesprochen: Indem Christus in den Tod gegangen, am dritten Tage auferstanden und in den Himmel aufgefahren ist, hat er diese Welt von Grund auf, aus ihrem Angelpunkt heraus, von der Verfallenheit an das Böse befreit und die Hoffnung auf endgültige Erlösung begründet. Nur er vermochte dies – *dank des Fadens der Ariadne*, wie am Dom zu Lucca geschrieben steht. Eine etwas vertrackte Allegorie, denn wenn man nicht durch die Identifizierung Ariadnes

mit der irdischen Mutter Maria ins theologische Abseits geraten wollte, mußte Ariadne nicht nur vergöttlicht, sondern auch
vermännlicht werden, damit das Bild auf den himmlischen
Vater paßte. Und so lautet die mögliche Übersetzung: ausgestattet mit dem Ariadnefaden der göttlichen Macht.

Der Betrachter in Lucca bekam klugerweise die nötige
Deutungshilfe geboten: Er mußte nur seinen Blick wenden
und sah am gegenüberliegenden Pfeiler eine *Darstellung des
Sündenfalles und des von der Schlange umwundenen Paradies-
baumes, überwachsen von der heilbringenden, durch Christus
gekrönten Wurzel Jesse*[15], eine andere Version dessen, was auch
das verchristlichte Labyrinth sagt.

Gemeinsam mit dem kretischen Typ haben diese Kirchenlabyrinthe den einzigen Hin- und Rückweg ohne Irrwege und
Sackgassen: Man verfolgt den Gang zum einzigen Ziel auf dem
größtmöglichen Umweg, jedoch eindeutig-konsequent. Aber
statt der bisherigen sieben konzentrisch ineinander gestellten
Kreiswindungen erhält die Figur jetzt deren elf (vgl. S. 91). Die
Elfzahl steht nach christlicher Zahlensymbolik für Sünde, Über-
tretung und Maßlosigkeit (da die Zahl der Gebote überschritten
wird) und für Unvollkommenheit (weil die vollkommene Zwölf-
zahl nicht erreicht wird). Sie weist das Labyrinth als Sündenwelt
aus. Aber über die elf konzentrischen Kreise ist das Zeichen des
Kreuzes gelegt, und dieses organisiert die Figur so, daß der Weg
an den Kreuzachsen umkehren muß und so zu einem *Kreuzweg*
wird: Die sündige Welt ist unter das Heilszeichen des Christus
gestellt, der Satan besiegt. Der Triumph des neuen Theseus über
die minotaurischen Irrwege der Welt drückt sich geradezu aus
in der eindeutigen Wegführung des klassischen Labyrinths.[16]

Sollten wir annehmen, daß der Fromme den Finger nicht nur
zum Zentrum hin bewegte, sondern andächtig auch die Gegen-
richtung durchlief, um als getaufter Christ den Weg seines
gottmenschlichen Meisters symbolisch nachzuvollziehen und
seine Bereitschaft zur Nachfolge zu demonstrieren? Hatte er
schon einmal die Worte des Paulus über die Initiation gehört?

Wißt ihr denn nicht, daß wir alle, die wir auf Christus
getauft wurden, auf seinen Tod getauft worden sind? Wir

Taufe als christliches Tauchbad.
Illustration aus der Roda-Bibel, 11. Jahrhundert

wurden mit ihm begraben durch die Taufe auf den Tod;
und wie Christus durch die Herrlichkeit des Vaters von
den Toten auferweckt wurde, so sollen auch wir als neue
Menschen leben.[17]

In der Kathedrale von Amiens und anderen Kirchen ist die
christliche Symbolik des Labyrinths durch die Form des
Achtecks gesteigert: Sie ist – wie die Achteckform vieler
Baptisterien und Taufsteine zeigt – Hinweis auf die christliche Initiation der Taufe, sie bedeutet Auferstehung, Vollkommenheit, Neubeginn.[18]

80

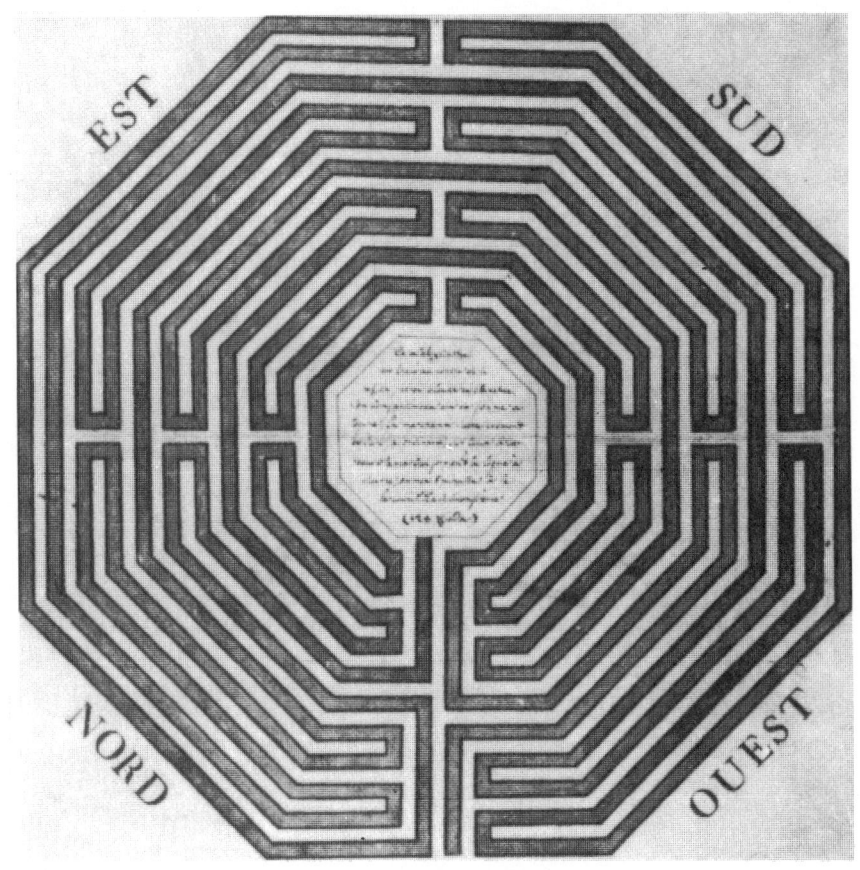

Labyrinth in der Kathedrale von Amiens, 1288 geschaffen,
nach der Zerstörung in den Jahren 1827–1897 rekonstruiert

Falls unser mittelalterlicher Gewährsmann in Lucca sich also
mit dem Labyrinth nicht gerade die Zeit vertrieb, sondern die
Symbolik verstand und sich zunutze machte, vollzog er vor
Eintritt in den heiligen Raum und die heilige Handlung seine
Taufe rituell nach; er *wiederholte* im Labyrinthgang
bewußt und zugleich sinnlich-motorisch seine Initiation ins
Christentum, die er eigentlich nur vom Hörensagen kannte:
eine ebenfalls rituelle Handlung, bei der unter gemurmelten
lateinischen Worten ein Guß Wasser den Kopf des Kindes
benetzt hatte. Aus Wasser und Geist geboren.

81

6
Konzentration

Relief eines Labyrinths
auf einer Sandsteinplatte, dem einzigen Überrest der Klosterkirche
S. Pietro de Conflentu in Pontremoli (bei La Spezia, Italien)

Mensch, werde wesentlich; denn wann die Welt vergeht,
So fällt der Zufall weg, das Wesen, das besteht.

Angelus Silesius, Zufall und Wesen

Im äußersten Norden der Toskana liegt die kleine Stadt PONTRE-MOLI, heute ein unbedeutender Ort auf dem Weg von LA SPEZIA nach PARMA, im Mittelalter eine wichtige Station auf der VIA SANCTI PETRI, der Pilgerstraße nach Rom. Von der romanischen Klosterkirche SAN PIETRO DE CONFLENTU ist heute nur noch eine Sandsteinplatte mit dem Relief eines Labyrinths erhalten, der einzige Überrest der Fassade. Wir müssen annehmen, daß sich das Labyrinth an der gleichen Stelle wie am Dom zu Lucca befand: unter der westlichen Vorhalle, senkrecht an der Nord-wand des Campanile, denn nur so konnte seine Öffnung wie bei allen Kirchenlabyrinthen nach Westen zeigen.

Anders als in Lucca ist hier nicht von Theseus und Mino-tauros die Rede, sondern von Jesus Christus als der Mitte der Welt, angezeigt durch das Christusmonogramm IHS im Zen-trum des Labyrinths.[1] Der teuflische Minotauros scheint vertrieben, oder sollten wir besser sagen: Der kretische Minotauros ist wieder in seine alten Rechte eingesetzt, der Gottessohn, hervorgegangen aus der heiligen Hochzeit des Himmelsvaters mit der Mutter Erde, nun transponiert ins Christliche – *empfangen durch den Heiligen Geist, geboren von der Jungfrau Maria?* Auch der neue Minotauros mußte ster-ben, um auferstehend neues Leben hervorzubringen.

85

Am unteren Rand des Labyrinths von Pontremoli lesen wir die lateinische Umschrift SIC CURRITE UT COMPREHENDATIS – eine Erinnerung an die Worte des ersten Korintherbriefes:

Wißt ihr nicht,
daß die Läufer im Stadion zwar alle laufen,
aber nur einer den Siegespreis gewinnt?
Lauft so, daß ihr ihn gewinnt!

Auch Theseus ist also unausgesprochen zugegen: Es ist jetzt wieder der Mensch, der sein Leben aufs Spiel setzt, um es in der Tiefe des Labyrinths neu zu gewinnen. Der Weg nach innen wird zum Wettlauf um den Siegespreis. Wie Hürden zu überwinden sind die Irrtümer und Verführungen des Erdenlebens, die labyrinthischen Windungen, zu gewinnen ist der Preis des ewigen Lebens durch Christus, die geheime Mitte dieser Welt.

SIC CURRITE UT COMPREHENDATIS. Eine Aufforderung an die Mönche des Klosters, gewiß aber auch an die gewöhnlichen Kirchenbesucher und an die Pilger auf dem Weg zum fernen Ziel ihrer Wallfahrt: *Nun lauft also, daß ihr den Siegespreis gewinnt!* Daß der Christ ein Pilger auf dieser Erde sei, ein PEREGRINUS, was soviel wie Ausländer oder Fremder bedeutet, das hatte AUGUSTINUS der Christenheit eingeschärft: *Ihr sollt wissen, daß ihr Pilger seid auf dem Weg zum Herrn!*

Soweit man das nicht als theologisch gutgemeinte Auskunft des Kirchenlehrers auf sich beruhen ließ, weil man in der ach so schönen Welt einen festen Wohnsitz gefunden hatte[2], suchte man nach Mitteln und Wegen, dem hohen Anspruch gerecht zu werden, sei es professionell durch das asketische Leben eines Mönchs oder einer Nonne in der Abgeschiedenheit eines Klosters, sei es kompromißlerisch durch außerordentliche Anstrengungen in einem sonst weltzugewandten Leben, und dazu gehörte als das angesehenste Mittel die Wallfahrt zu einem nahen oder fernen Gnadenort, zu Fuß oder zu Pferd, je nach dem Ausmaß der Bußgesinnung, des Wagemuts und der materiellen Ressourcen.

Das Traumziel für eine Pilgerfahrt war das Heilige Grab in JERUSALEM; das aber war nach der blutigen Eroberung der

Stadt im ersten Kreuzzug nur etwa hundert Jahre lang im Besitz der Christen[3], und selbst in dieser Zeit gelangten fast ausschließlich abenteuernde Ritter und wohlhabende Kaufleute mühsam in den Genuß der versprochenen Gnaden.

Schon vor den Kreuzzügen zur Rückeroberung des Heiligen Landes aus der Hand der muslimischen Ungläubigen hatte sich das päpstliche ROM der Christenheit als Wallfahrtsziel empfohlen. Zwar konnte es nicht mit heiligen Stätten aufwarten, die durch Leben und Sterben des gottmenschlichen Herrn für alle Zeiten ausgezeichnet waren, aber mehr als genug mit denen der Apostel und Märtyrer. Die Verehrung ihrer wirklichen und vermeintlichen Überreste, der Reliquien, brachte der Stadt Rom nicht nur gewaltigen Zulauf, sondern auch wirtschaftliche Hochkonjunktur durch gewinnträchtigen Reliquienhandel, wozu man die unzähligen Gräber entlang der Ausfallstraßen unbesehen plünderte. Kostbareres Heiligengebein gab es in den ebenfalls unzähligen Kirchen der heiligen Stadt zu verehren; unabdingbar für das Gelingen der Wallfahrt war jedoch der andächtige Besuch der sieben Hauptkirchen, zuvörderst der Basilika SAN PIETRO IN VATICANO.

Die Überfülle des Heiligen war nicht jedermanns Sache, wie sich denken läßt, zu leicht wurde man im römischen Gnadenrummel vom eigentlichen Ziel, der lebenserneuernden Buße, abgelenkt, und so nimmt es nicht wunder, daß Petrus und Paulus bald eine rustikale Konkurrenz weitab vom urbanen Rom bekamen, und zwar in Gestalt des Apostels Jakobus, der mit seinem jüngeren Bruder Johannes und dem nachmals römischen Petrus den favorisierten Kern der Jüngerschaft gebildet hatte. Die Gebeine des heiligen Jakob – SANT' IAGO – waren wunderbarerweise zu Beginn des 9. Jahrhunderts in der Nordwestecke der muslimisch gewordenen iberischen Halbinsel gefunden worden, in COMPOSTELA, einem damals unbedeutenden Ort im christlich gebliebenen Asturien, von dem aus in der Folgezeit die christliche RECONQUISTA betrieben wurde. SANTIAGO DE COMPOSTELA entwickelte sich rasch zum volkstümlichsten Wallfahrtsort des Mittelalters, was man schon daran erkennen kann, daß der innig verehrte heilige Jakob selbst als typischer Santiago-Pilger mit der

Muschel und dem langen Pilgerstab dargestellt wurde. Compostela, am westlichen Rand Europas gelegen, war für das christliche Volk die vollwertige Alternative zu Jerusalem, der unerreichbaren Stadt am östlichen Rand der christlichen Welt. Eines hatten die beiden Orte gemeinsam: Beide waren religiöse Bollwerke der Christenheit gegen die muslimische Bedrohung.

Wallfahrtsorte, ob fern oder nah, ob groß oder klein, waren Konzentrationspunkte des christlichen Lebens, nicht nur Orte der Versammlung, sondern der inneren Sammlung und der Selbstbesinnung. Ein altes Lied der Santiago-Pilger macht das deutlich:

> Eh' ich die Reise beginne,
> Tut es not, daß ich mich
> Auf mich selber besinne,
> An die Mauer stoße, bis diese fällt
> Und mich nicht mehr gefangen hält.
> In Zeiten der Sünde
> Bin ich gefangen.
> Sobald ich mich auf dem Bußweg befinde,
> Werde ich Hilfe erlangen.[4]

Das Ziel des Bußweges war für die meisten Pilger unvorstellbar weit entfernt, der Jakobsweg PER PEDES APOSTOLORUM schwierig zu gehen. Aus dem Alltag herausgerissen in eine ungewisse Freiheit, war der fromme Pilger monatelang ungewöhnlichen Zumutungen und Strapazen ausgesetzt: der erzwungenen Gemeinschaft mit anderen, meist fremden und anders gearteten Menschen, deren Sprache er nicht verstand; Schmerzen und Beschwerden, die sich schon früh einstellen konnten, wenn die Füße in schlechten Schuhen wundgelaufen waren; Krankheiten aus Schwäche und durch Ansteckung, gegen die es noch keine ärztliche Hilfe gab; unruhige Nächte in überfüllten, primitiven Herbergen und Wirtshäusern, in denen er oft genug betrogen und bestohlen wurde; unbekannte und schlechte Speisen, an denen er sich den Magen verdarb. Es wird berichtet von Räubern und Wegelagerern, die die Pilger überfielen, niederschlugen und beraubten, von Wirtshäusern, in denen die Mägde *um Geld und »aus Hurerei«*[5] zu deren Betten schlichen, von Trunkenheit und Ausschweifungen unfrommer Wallfahrer, von Dirnen, die die Frommen in die Fänge des Teufels zu locken suchten – eine lange Liste von Gefahren, Verlockungen und Ablenkungen. Wenn der Pilger über die verschiedenen Stationen des Jakobsweges, geistlich gestärkt durch Gebet und Meßbesuch in Kapellen und Kirchen, ins Heiligtum des Santiago gelangt war, dann hatte er wahrhaftig den Siegespreis gewonnen, nicht exklusiv, sondern gemeinsam mit hundert und tausend anderen: symbolisches Konzentrat eines ganzen Christenlebens!

Wenn er sich sattgesehen hatte an der Pracht der Altäre und der Schönheit der Heiligenfiguren, wenn er seine Opfergaben dargebracht, die Beichte abgelegt und zum Tisch des Herrn gegangen war, dann wartete er geduldig in der Menschenreihe vor der Statue des Santiago, um sie zum Abschied zu berühren und innig zu küssen.[6]

Abseits der Wege, die nach Santiago führten, am nächsten noch der VIA TURONENSIS, dem »Großen Weg des heiligen Jakob«, der von Paris als Sammlungsort über Tours führte, lag die Kathedrale NOTRE DAME VON CHARTRES. Schon in vorchristlicher Zeit scheint es an diesem Ort eine Wallfahrtsstätte gegeben zu haben. Seit Urzeiten wurde dort, so erzählt die Legende, die VIRGO PARITURA verehrt, die Jungfrau, die den Sohn Gottes gebären wird. Seit dem Jahr 876 ist die Kirche von Chartres im Besitz einer kostbaren Reliquie, der SANCTA CAMISIA, des heiligen Hemdes, das Karl der Kahle aus dem Schatz seines Großvaters geschenkt hatte: nach der Überlieferung das Gewand Mariens, das sie bei ihrer Niederkunft getragen hat. Die Verehrung der Jungfrau Maria, der Gottesmutter und Himmelskönigin, nahm nach der Jahrtausendwende einen enormen Aufschwung und erreichte in der Zeit der großen französischen Kathedralen ihren vorläufigen Höhepunkt. Das Marienheiligtum von Chartres zog bald Tausende von Pilgern an. Als im Jahre 1194 die romanische Kathedrale durch einen Brand weitgehend vernichtet wurde, entstand in den folgenden Jahrzehnten im Anschluß an die

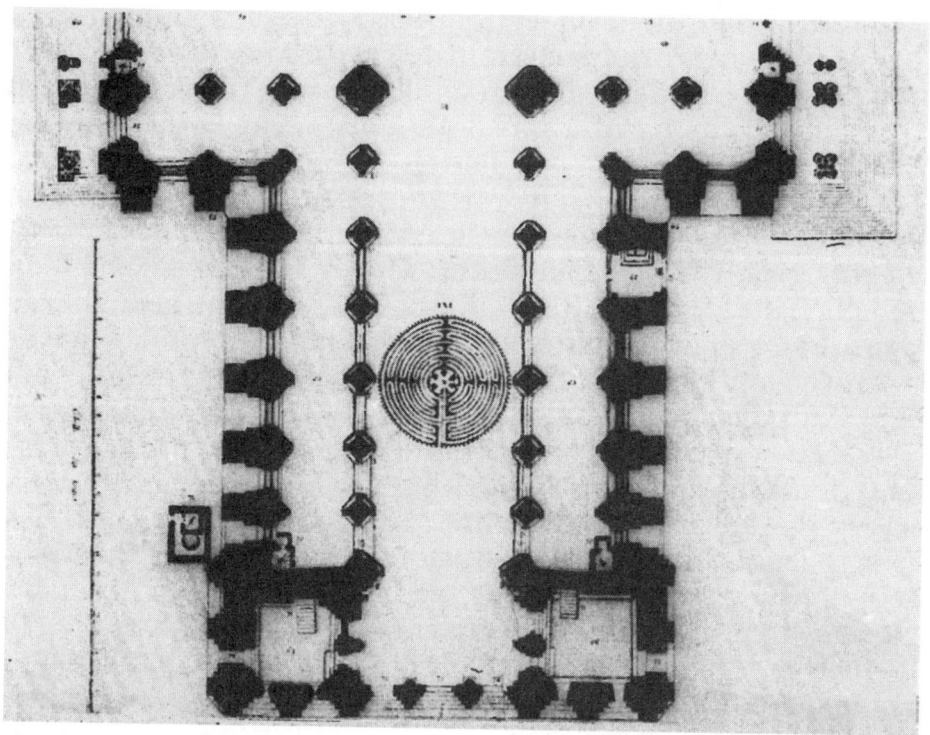

Grundriß des Westbaues der Kathedrale von Chartres (von Félibien)

noch erhaltene Westfassade mit dem Königsportal das Wunderwerk des gotischen Domes.[7]

Der Pilger, der die Kathedrale durch das Königsportal betrat und sich ein Stück weit auf den Hauptaltar zu bewegte, traf auf den Eingang des großen Bodenlabyrinths.[8] Von Westen her, aus der Richtung des Sonnenuntergangs, dem Ort des Todes, durchschritt er die labyrinthischen Windungen, und in pendelnder Bewegung, sich dem Zentrum nähernd und sich wieder von ihm entfernend, gelangte er am Ende sicher in die als sechsblättrige Blüte gestaltete Mitte.

Kam den Leuten der Weg dorthin so lange vor, daß sie die ganze Anlage schließlich *la lieue*, die Meile, nannten? Einen mühsamen Weg zu einem begehrten Ziel, ähnlich einer Wallfahrt ins Heilige Land, stellten sie sich vor, und in ihrer

90

Labyrinth der Kathedrale von Chartres (13. Jahrhundert)
Die Wege dieses Umgangslabyrinths – elf konzentrische Kreise – sind
jeweils 34 cm breit, so grau wie der umliegende Steinboden und vonein-
ander durch schwarz-blaue Marmorstreifen getrennt.
Durchmesser: 12,60 m (west-östlich) und 12,30 m (nord-südlich).
Gesamtlänge des Weges: 294 m

Phantasie sahen sie vor sich die heilige Stadt Jerusalem mit
dem Grab des Herrn. In der Kathedrale Notre Dame von
REIMS wurde das Umgangslabyrinth deshalb *Chemin de Jéru-
salem*, Weg nach Jerusalem, genannt.[9]

Der Labyrinthgang erscheint so als symbolische Wallfahrt
nach Jerusalem, dem damals unerreichbaren Ziel christlicher
Pilgerfahrt, zugleich aber als ein Innewerden der Bedeutung,
die die reale Wallfahrt in diesen wunderbar gebauten, vom
farbigen Schein der Fenster geheimnisvoll erleuchteten Dom
hier und jetzt besaß: anzukommen im heilsgeschichtlichen
Mittelpunkt der Welt, im irdischen und himmlischen Jerusalem, als dessen Abbild die Kathedrale gestaltet war. Klangen
dem Pilger die Worte der Geheimen Offenbarung im Ohr?

Labyrinth der Kathedrale von Reims.
Federzeichnung von Jacques Cellier (ca. 1550 – ca. 1629)

Ich sah die heilige Stadt, das neue Jerusalem, von Gott
her aus dem Himmel herabkommen; sie war bereit wie
eine Braut, die sich für ihren Mann geschmückt hat. Da
hörte ich eine laute Stimme vom Thron her rufen: Seht,
die Wohnung Gottes unter den Menschen. Er wird in
ihrer Mitte wohnen, und sie werden sein Volk sein; und
er, Gott, wird bei ihnen sein.[10]

Das blütenförmige Zentrum des Umgangslabyrinths von
Chartres erschien dem meditierenden Pilger zugleich als
Abbild des westlichen Rosenfensters, das er, zum Rückweg
sich wendend, in dunklen Farben leuchtend vor sich er-

Chartres: Modifizierte Kopie der Westrose aus dem Bauhüttenbuch des Villard de Honnecourt, um 1235, zusammen mit der Kopie des Labyrinths auf einem Blatt. Das Zentrum des Labyrinths kann als stilisierte Wiedergabe der Rose verstanden werden.

blickte: In seiner Mitte thront Christus, der Weltenrichter, seine fünf blutenden Wunden vorweisend.

Und wenn er das Labyrinth verlassen hatte und im Hauptschiff weitergegangen war, begegnete ihm sein göttlicher Herr auch im farbigen Glanz der beiden anderen Rosenfenster: im Norden als Kind mit seiner Mutter Maria, im Süden als der im Buch der Offenbarung beschriebene Eine, *der auf dem Thron saß und sprach*:

> Seht, ich mache alles neu ... Ich bin das Alpha und Omega, der Anfang und das Ende. Wer durstig ist, den werde ich umsonst aus der Quelle trinken lassen, aus der das Wasser des Lebens strömt.[11]

Ist die Wallfahrt das Realsymbol der irdischen Pilgerfahrt des Christen hin zu seiner endgültigen Heimat in der Herrlichkeit des himmlischen Jerusalem, so ist das Kirchenlabyrinth eine nochmalige Spiegelung dieses Sachverhalts im Medium der Kunst und des Rituals. Es repräsentiert die lebensorientierenden Ideen der Initiation und der Wiedergeburt, der Buße und Umkehr, nicht zuletzt der Konzentration auf das Wesentliche. Es ist Symbol des Weges, der zur Mitte führt und aus der Mitte heraus zu neuem verantwortlichen Leben.

Von frühester Zeit an ist es mit der Bewegung in Tanz und Spiel verbunden: Vom Kranichtanz des Theseus und seiner Gefährten auf der Insel Delos führt die Tradition über das Trojaspiel der jungen Römer zum Ostertanz in den Labyrinthen der mittelalterlichen Kathedralen.[12] Auch in Chartres gab es einen Labyrinth-Tanz der Kleriker bei der Ostervesper zur Feier der siegreichen Auferstehung Christi und der zweiten Weltschöpfung durch ihn.

Das Labyrinth ist somit Darstellung und Anleitung zu einer komplizierten Bewegung von außen nach innen, von innen nach außen: Tanzfigur für Leib und Seele. Die Hinreise ins Innere, die Symbolik der Mitte, scheint schon im Mittelalter die größere Aufmerksamkeit gefunden zu haben. Die mittelalterliche Mystik ging darin der Tiefenpsychologie des 20. Jahrhunderts[13] voraus. Den geheimnisvollen Weg in die Tiefe hat Carl Gustav Jung, den man den »Herrn der Unterwelt«[14] genannt hat, mit dem Wort Individuation bezeichnet. Der Weg zur Mitte des Selbst ist für ihn zugleich *Suche nach dem verborgenen, noch nicht manifestierten »ganzen« Menschen, welcher zugleich der größere und zukünftigere ist.*

Der richtige Weg zur Ganzheit aber besteht – leider – aus schicksalsmäßigen Um- und Irrwegen. Es ist eine »longissima via«, nicht eine gerade, sondern eine gegensatzverbindende Schlangenlinie . . . , ein Pfad, dessen labyrinthische Verschlungenheit des Schreckens nicht entbehrt. Auf diesem Wege kommen jene Erfahrungen zustande, die man als »schwer zugänglich« zu bezeichnen beliebt. Ihre Unzugänglichkeit beruht darauf, daß sie kostspielig sind: sie fordern das, was man am meisten fürchtet, nämlich die *Ganzheit*, die man beständig im Munde führt und mit der sich endlos theoretisieren läßt, die man aber in der Wirklichkeit des Lebens im größten Bogen umgeht.[15]

Den mutigen Labyrinthgänger, der die Wahrheit seines Lebens finden will, zwingen die Umgänge, um die Mitte seiner selbst herumzugehen, mit ihr umgehen zu lernen und sie von allen Seiten wahrzunehmen. Er kann sie nur erreichen, wenn er zuvor den ganzen Innenraum abschreitet, alle Dimensionen seines Wesens einholt und in das Ganze seiner Person einbringt. Im Labyrinth gehen ja alle Gänge ineinander über, hängen miteinander zusammen und begründen in dieser Weise bruch- und restlos das lebensgeschichtliche Abenteuer der Individuation.

> Das Labyrinth ist also auch Sinnbild dieser Einswerdung, Individuation, der Kon-Zentration aller wesentlichen Schichten, Aspekte und Sinnebenen einer menschlichen Existenz. Symbolisiert wird u. a. der Prozeß der Reifung vom eindimensionalen, in tausend Einzelfunktionen aufgelösten Menschen zur runden, in sich ruhenden Persönlichkeit, die ihre Mitte gefunden hat.[16]

Theseus fand – so deuteten wir – in der Mitte des Labyrinths die Erkenntnis der abgründigen Ungeheuerlichkeit des menschlichen Wesens; dieses Wissen machte ihn erwachsen und befähigte ihn, so sahen es die Athener, zur menschenfreundlichen Regierung des Staates. Der mittelalterliche Christ sollte der Spur des Christus folgen und seinen Meister im Wettlauf des Lebens einholen, dort im Zentrum des Labyrinths, in der Mitte der Welt. Fand er dabei sich selbst, den ganzen Menschen?

Um das Jahr 1200, zur Zeit, als die Reliefdarstellungen des Labyrinths an den Kirchenfassaden in Lucca und Pontremoli entstanden, lebte nicht weit davon ein Mann, den man *den letzten Christen* genannt hat: FRANZ VON ASSISI[17]. Es ist nicht bekannt, ob er jemals den Windungen eines Labyrinths nachgegangen ist, ob mit dem Finger oder den Füßen, aber sicher ist, daß der als Sohn eines reichen Kaufmanns geborene den radikalen Richtungswechsel christlicher Initiation leibhaftig vollzogen und der Spur Jesu konsequent nachgegangen ist: ein Leben in unbeschwerter Armut, nicht hinter Klostermauern, sondern mittendrin im Alltag der italienischen Städte, ein Leben in der Solidarität mit allen Menschen, in Liebe zu den Verachteten und Ausgestoßenen der städtischen Gesellschaft und in geschwisterlichem Umgang mit allen Geschöpfen.

Die Faszination, die vom Vorbild des POVERELLO und seiner Gefährten ausging, hätte eine umstürzende Reform der Kirche und die Grundlegung einer neuen Kultur aus dem Geist des Evangeliums bewirken können, wenn sich auch die Verantwortlichen in Kirche und Gesellschaft vom sprühenden Geist des fröhlichen Habenichts hätten anstecken lassen:

> Der freie, brüderliche und frohe Mensch löst den Menschen ab, der an den Besitz gefesselt ist.[18]

Das war für die feudalisierte und an politischer Macht so erfolgreich interessierte Kirche eine unerträgliche Provokation, nicht minder für die wohlhabende Gesellschaft, die sich in den prosperierenden Städten Italiens gerade auf den Weg des Kapitalismus machte. Franziskus und seine Minderbrüder waren für die päpstliche Kurie andererseits willkommene Bundesgenossen gegen die bedrohlichen Armutsbewegungen, gegen die damals so ungemein erfolgreichen »Ketzer«, wenn es gelang, die revolutionäre franziskanische Jesusnachfolge in einem kirchentreuen, klerikalisierten Orden zu domestizieren. Der fromme und gehorsame Franz mußte es sich gefallen lassen.

Als Wanderprediger war er im zweiten Jahrzehnt des 13. Jahrhunderts überall in Mittelitalien unterwegs, und überall läuteten die Kirchenglocken zu seiner Begrüßung, zogen Klerus und Gläubige ihm entgegen und schrien begeistert: ECCO IL SANTO! Da kommt der Heilige![19] Nach dem Pfingstfest des Jahres 1214 brach er nach Spanien auf und gelangte bis Santiago de Compostela.

Ich stelle mir vor: Franz besucht auf diesem Weg auch die Kirche SAN PIETRO DE CONFLENTU in Pontremoli, und da sieht er, der *Pilger* schlechthin, sein Leben im Bild des Labyrinths symbolisiert. Seine tagtägliche Praxis, eine »Mystik mit offenen Augen«[20], besteht darin, seinen geliebten Herrn Jesus sinnlich gegenwärtig in den Armen und Leidenden der Alltagswelt zu finden, nicht in einem sakralen Abseits, viel weniger noch durch eine bemühte Versenkung in die eigene Innerlichkeit.

Franz verbindet Distanz und Nähe zur Welt: In der Radikalität der Armut und Ehelosigkeit bleibt er der Fremde, in der Leibhaftigkeit seiner Liebe ist er der Erde und ihren Geschöpfen unmittelbar nahe. In den volkstümlichen »Fioretti« erscheint er als SERVO DI CRISTO, als der einzig legitime Knecht Christi, *nahezu ein anderer Christus, der Welt gegeben zum Heil des Volks*, der das Paradies in der Diesseitigkeit des Lebens lebendig macht:

> ... die Sicherheit und Freude der Seligen werden hier auf Erden genossen.[21]

Schade: Der Geruch der Heiligkeit kann für die vertretene Sache tödlich sein, sie zu einer Angelegenheit für heilige Stellvertreter machen. Was GEORGES DUBY von den Völkern Aquitaniens im 12. Jahrhundert sagt, galt damals gewiß auch für viele Verehrer des heiligen Franz:

> ... es war ihnen nicht neu, die Berufung zur Armut und Keuschheit an andere zu delegieren, sich auf solche Spezialisten des Heils zu verlassen, ihr Seelenheil den rituellen Gesten anzuvertrauen und gleichzeitig selbst friedlich von der Welt zu profitieren.[22]

Nicht viel anders lautet die Diagnose, die Carl Gustav Jung für das 20. Jahrhundert gestellt hat:

> Die Forderung der »imitatio« Christi, nämlich dem Vorbild nachzufolgen und diesem ähnlich zu werden, *sollte*

97

die Entwicklung und Erhöhung des eigenen inneren Menschen bezwecken, *wird* aber vom oberflächlichen und zur mechanischen Formelhaftigkeit neigenden Gläubigen zu einem außenstehenden Kultobjekt gemacht, welches gerade durch die Verehrung daran gehindert wird, in die Tiefe der Seele einzugreifen und letztere zu jener dem Vorbild entsprechenden Ganzheit umzuschaffen. Damit steht der göttliche Mittler *als ein Bild draußen*, der Mensch aber bleibt Fragment und *in seiner tiefsten Natur unberührt*. Ja, Christus kann bis zur Stigmatisation nachgeahmt werden, ohne daß der Nachahmende auch nur annähernd dem Vorbild und dessen Sinn nachgefolgt wäre.[23]

Im September 1224 erfuhr Franz auf dem Berg LA VERNA die Stigmatisation mit den Wundmalen seines geliebten Herrn – IMITATIO CHRISTI in letzter Konsequenz. Zwei Jahre später, am 3. Oktober, ließ er sich nackt auf die Erde legen, streute zu Ehren seines Gastes und Freundes, des Todes, Asche und Staub über seinen Körper und lud alle Geschöpfe zum Lobpreis Gottes ein. Die Umstehenden hörten ihn wie einen Gastgeber sagen: »Sei willkommen, Bruder Tod.« Nach Sonnenuntergang trat dieser ein.[24]

Francesco d'Assisi wurde zwei Jahre nach seinem Tod zur Ehre der Altäre erhoben, fortan ein bequemer Gegenstand der Verehrung, weniger der Nachfolge. Wer es damals dennoch wagte, an der amtlichen Kirche vorbei franziskanische Spontaneität und Spiritualität zu praktizieren und aus der Armut Christi Konsequenzen zu ziehen, bekam es mit der Heiligen Inquisition zu tun, die 1231 zur päpstlichen Institution erhoben worden war. In ihrem Auftrag wirkten eifrig die neuen Bettelorden, vornehmlich die Dominikaner, aber auch die als Konventualen etablierten Franziskaner. Die Unbeugsamen unter den Anhängern des Poverello, die Spiritualen, wurden mit heiliger Gewalt gebeugt und dem Feuer übergeben; als FRATIZELLEN, Brüderchen, verschwanden sie am Ende des 15. Jahrhunderts scheinbar endgültig aus der Geschichte.[25]

Im Rückblick erscheint die Entwicklung des Christentums zu seiner mittelalterlichen Gestalt als Ergebnis eines grandiosen Mißverständnisses. Heilige Männer und Frauen, eingeschlossen in die Gehäuse ihres für vollkommen gehaltenen Lebens, meditierten damals tiefsinnig das Leben des menschgewordenen Gottes, sie konstruierten großartige theologische Systeme, die der menschlichen Vernunft die Geheimnisse Gottes und seiner Schöpfung nahebringen sollten, sie feierten voller Andacht, eingehüllt in kostbare Gewänder, die göttliche Liturgie, sie inspirierten die Künstler, sofern diese nicht selber zur geistlichen Zunft gehörten, zu bewunderungswürdigen Bauwerken, in denen die Mysterien des Glaubens symbolisch veranschaulicht sind. Geist in Fülle! Auch Heiliger Geist?

In immer neuen Anläufen wurde die Frage nach der wahren Nachfolge Jesu gestellt. Die cluniazensischen Mönche kritisierten die Kleriker der wohlhabenden Domkapitel, die Bettelmönche die reichen Klöster der benediktinischen Tradition, aber eines blieb immer gleich, auch bei den vermeintlich so konsequenten Dominikanern und Franziskanern des 13. Jahrhunderts, die in der Öffentlichkeit der Städte lebten: Letztlich blieben die professionellen Akteure der VITA RELIGIOSA unter sich, man schien aus dem Labyrinth der Welt ins Zentrum gelangt zu sein, glaubte, das Heil gefunden zu haben, und verweilte dort wie auf der Insel der Seligen.

Schon das erste bekannte Kirchenlabyrinth demonstriert den theologisch durchaus plausiblen Gedanken, der in der Praxis immer aufs neue in die klerikale Sackgasse führte: Die Kirche als der mystische Leib Christi ist die Mitte der Welt, der Endzweck allen Strebens! In dem römischen Labyrinth-Mosaik der Reparatus-Basilika von Algier, die im Jahre 324 gegründet wurde, schlängelt sich ein Ariadnefaden bis zur ersten Wendung, von dort geht der Blick des Betrachters weiter bis zum Zentrum, einem Buchstaben-Labyrinth, das als SANCTA ECLESIA – Heilige Kirche – zu lesen ist.

Es gibt also nur den einen Weg: aus der Welt heidnischer Irrtümer hinein in die Wahrheit der Kirche – genauso, wie es in dem letzten mittelalterlichen Kirchenlabyrinth in San

Römisches Labyrinth-Mosaik aus der Reparatusbasilika von Orléansville
(El Asnam), heute in der Kathedrale von Algier

Vitale (Ravenna, 16. Jahrhundert) nur den einen Weg aus der
Sündenwelt hinaus gibt: Seine Richtungspfeile weisen von
drinnen nach draußen zum Zentrum des Oktogons als dem
symbolischen Ort des Heils.[26]

Was blieb der großen Masse der Christen, die in der Welt
außerhalb der alten Klöster und der neuen Ordenshäuser
ohne religiöse Privilegien lebte, anderes übrig als der gnädig
zugestandene Kompromiß mit der als sündig diffamierten
Welt? Gab es für die Jesus-Nachfolge keine gültige Alternative?

Ich stelle mir vor: Der fromme Christ in Lucca, Pontremoli
oder Chartres, der gerade das Labyrinth meditiert hat, gibt
sich nicht mit dem stellvertretenden Ritual zufrieden, sondern macht die Pilgerschaft, das ständige Unterwegssein, zur

Ravenna, San Vitale: Schwarz-weißes Labyrinth aus Marmor unter der
Kuppel in einem der acht Sektoren, im 16. Jahrhundert angelegt

Maxime seines Lebens. Sein Bruder ist Franz, der bekehrte
Bürger, ein fröhlicher Fremdling in der Welt der Etablierten,
ein Liebhaber der göttlichen Schöpfung, der solidarisch lebt
mit all ihren Wesen, der die Herrschenden belacht und die
Aussätzigen küßt – ein Traum, der kurze Zeit gelebt wurde
und von dem wir hoffen, daß er immer wieder Wirklichkeit
wird!

In den Jahren, als die letzten FRATIZELLEN von der Inquisition aufgespürt wurden, schwärmten die christlichen Europäer in die ihnen noch unbekannte Welt aus, aber die aller-
meisten waren nicht *neue Menschen*, sondern die alten Barba-

ren. Was sie in der Neuen Welt auch Ungeheuerliches anstellten – sie taten es in der Überzeugung, im Besitz der Wahrheit und des Heils zu sein und die Heidenvölker unterwerfen zu müssen, damit auch diese würden wie sie selbst.

7
Die Welt

Die christliche Seele im Labyrinth der Welt
Kupferstich des Boethius von Bolswart (1580–1634),
Emblem in Hermann Hugos Erbauungsbuch »Pia desideria«

Der Labyrinth war ein betrieglicher Irrgarte /
also ist die Welt voll List und Irrthums ...
Mitten im Labyrinth war das grausame Ungeheuer /
das Kind der Sünden / der Minotaurus;
mitten in der Welt ist der abgesagte Feind GOttes
und der Menschen.
Der Faden führete ohn Irrsal durch den Irrgarten;
durch die Welt führet richtig GOttes Wort.
Weh denen / so von dieser Richtschnur
über heilsame Warnung abweichen!
Der Labyrinth ist vergangen /
nach deme Theseus obgedachtes Ungeheuer ritterlich gefället /
und die schöne Ariadne geehlicht.
Also muß die Welt mit ihrer Lust und unserer Unlust vergehen.
Darum bitten wir / daß solches bald geschehe /
daß uns GOtt kräfftiglich erlöse von dem Bösen und allem Übel
sanfft und frölich in das himmlische Hochzeithaus führe /
und daselbst bekröne mit der unverwelcklichen Sternenkrone.

Protestantischer Anonymus: Emblematischer Catechismus,
oder Geist- und sinnreiche Gedancken über die Hauptstücke
christlicher Lehre ...,
Nürnberg 1683

RINASCITA, RENAISSANCE – das Verlangen des Menschen nach Wiedergeburt und Neubeginn macht sich immer wieder in religiösen Bewegungen, kulturellen Aufbrüchen und politischen Revolutionen geltend. Die proklamierte *neue Zeit* wird verstanden als Rückkehr zur guten alten Zeit, zu den Ursprüngen und Quellen des gemeinsamen Lebens, aus denen die Menschen – durstig und frustriert – den erfrischenden Trunk für die Gegenwart schöpfen.

Aufbruchstimmung herrschte im Italien des QUATTROCENTO, im 15. Jahrhundert: *Unsere Zeit* – das war für die italienischen Humanisten nach der Nacht des Mittelalters der neue Tag im Licht der wiederentdeckten antiken Kunst und Kultur. Eine neue Epoche formierte sich, die in immer neuen Anläufen ihr Programm durchsetzte:

Als Gott dieser Erde kann der Mensch alles, was er wirklich will. Seine Vergöttlichung und Heiligung betreibt er am besten durch »Wissenschaft«, »Weisheit«, Magie.[1]

Im Jahre 1486 proklamierte GIOVANNI PICO DELLA MIRANDOLA in seinem Traktat *»Von der Würde des Menschen«* das vorläufige Selbstverständnis des autonomen Subjekts mit den Worten Gottes an Adam:

Wir haben dich weder als einen Himmlischen noch als einen Irdischen, weder als einen Sterblichen noch einen Unsterblichen geschaffen, damit du als dein eigener, vollkommen frei und ehrenhalber schaltender Bildhauer und Dichter dir selbst die Form bestimmst, in der du zu leben wünschst. Es steht dir frei, in die Unterwelt des Viehes zu entarten. Es steht dir ebenso frei, in die höhere Welt des Göttlichen dich durch den Entschluß deines eigenen Geistes zu erheben.[2]

Wie eine Inszenierung dieses neuen Selbstbewußtseins mutet eine Erfindung des LEONARDO DA VINCI an, die er unter dem Stichwort »Spiegel« in einer Federzeichnung skizziert hat, zu deren Ausführung er technisch noch nicht in der Lage gewesen ist. Seine Erklärung dazu lautet:

Wenn du acht ebene Flächen machst, jede zwei Ellen breit und drei Ellen hoch (1,2 × 1,8 m), und sie so im Kreis anordnest, daß sie ein Achteck bilden, mit einem Umfang von sechzehn Ellen und einem Durchmesser von fünf Ellen, dann kann der Mann darinnen sich von allen Seiten unendlich oft sehen.

Erstmals realisiert wurde dieses Spiegelkabinett als Herzstück der Mailänder Labyrinth-Ausstellung im Jahre 1981.[3] Es erscheint mir wie das übriggebliebene Zentrum eines Labyrinths, in dessen Mitte wiederum der Mensch sich in unendlicher Selbstbespiegelung begegnet: Er entdeckt sich in seinen

Leonardo da Vinci (1452–1519): »Spiegel« (Federzeichnung)

Möglichkeiten als grenzenlos, zugleich als ein Wesen ohne jede Orientierung außerhalb seiner selbst. In der unendlichen Spiegelung *des Mannes darinnen* umgibt sich das pure Zentrum wieder mit einem imaginären Labyrinth, das der frei gewordene Mensch als *Irrgarten* erfährt. Wie im Mittelalter erinnert auch hier das mystische Symbol der Achtzahl[4] an Neubeginn und Vollkommenheit, aber es bedeutet nicht mehr die Wiedergeburt aus Wasser und Geist, die den Christen in der Nachfolge Jesu ins Zentrum des Heils versetzt, sondern die Geburt des selbstmächtigen Menschen. Leonardo selbst verkörpert diesen genialen, titanischen Menschen, der der Bildhauer und Dichter seiner selbst ist, den Intellektuellen, *der alles einsehen, begreifen, machen will.*[5]

Nicht von ungefähr werden im selben Jahrhundert die ersten Labyrinthe als Irrgärten entworfen[6], spielerische Verunsicherungen des menschlichen Orientierungsvermögens, zugleich Signale eines neuen Verhältnisses des Menschen zu

sich selbst und zur Welt. Im Gegensatz zum mittelalterlichen
Labyrinth, das als Figur der Orientierung und der Erlösung
sicher zur Mitte hin und aus ihr hinaus führt, sind die neuen
Irrgärten Symbole eines durch und durch ungewissen Weges,
auf dem der Wanderer ständig mit Irrungen und Wirrungen
rechnen muß, eine Route, die sich unerwartet verzweigt und
oft genug in Sackgassen mündet, für den Zaghaften eine
ängstigende Verunsicherung, für den Mutigen und Gewitzten
aber eine abenteuerliche Herausforderung und ein riskantes
Spiel, den Zugang zum Ziel – sei es Zentrum oder Ausgang – in
der ständigen Spannung von Versuch und Irrtum zu erkunden.

Die modernen Labyrinthe haben nicht notwendig ein Zentrum; ihre Fixpunkte sind oft nur Eingang und Ausgang –
nicht selten vervielfacht –, zwischen denen sich der Wirrwarr
der alternativen Wege erstreckt. Wo sollte in einem solchen
Gebilde Minotauros seinen Platz haben? Eine intelligente
Antwort hat UMBERTO ECO gegeben:

> Ein Irrgarten benötigt keinen Minotaurus: er ist sein
> eigener Minotaurus; mit anderen Worten: *der Versuch des
> Besuchers, den Weg zu finden, ist der Minotaurus.*[7]

Ich denke, daß der Besucher durchaus auch einem weniger
abstrakten Minotauros begegnen könnte, nämlich der Erfahrung, hoffnungslos verirrt und am Ende zu sein: einer DEAD
END SITUATION. Die Gartenlabyrinthe der Renaissance und
des Barock, soweit sie wirkliche Irrgärten in Heckenform sind,
dienten – zur Beruhigung sei es gesagt – eher der spieleri-
schen Bewältigung einer geselligen Bewegungsaufgabe,
deren Lösung die Langeweile des Hoflebens vergessen ließ,
falls nicht schon alle Winkel bekannt waren und nur noch das
Lustwandeln gesucht wurde. Aber es blieb bei aller Belusti-
gung die Erinnerung an das mittelalterliche Wortspiel LABOR
INTUS, das an die Mühsal der irdischen Existenz zwischen
Geburt und Tod erinnert.

Eine neue Zeit hatten auch die frommen Christen erwartet:
die Veränderung der Welt durch die Reform der Kirche an
Haupt und Gliedern. Martin Luther hatte zu »des christlichen

Standes Besserung«, Thomas Müntzer gar voll großer Hoffnungen zum Aufbau eines brüderlichen, christlichen Gemeinwesens aufgerufen. Aber die geistlichen und weltlichen Herren hatten anderes im Sinn. Die religiöse Aufbruchstimmung verflüchtigte sich sehr bald schon: Reformationen und Gegenreformationen, Zwangsbekehrungen und Verfolgungen, Glaubenskriege und Hexenverfolgungen verdüsterten das Licht der neuen Zeit, die so neu nicht war. Unter den Christenmenschen machten sich Verunsicherung und Enttäuschung breit.

In einer solchen Situation ist es schwer, die Gestaltung der irdischen Dinge als Herausforderung des Glaubens, der Liebe und der Hoffnung zu begreifen und anzunehmen. Resignation verführt zu einer einfacheren Lösung, zur Verachtung der Welt, wenn nicht statt dessen unter dem Motto *Nach uns die Sintflut!* das andere Extrem, der Genuß des flüchtigen Augenblicks, gesucht wird. Der Losung des CARPE DIEM setzten die Prediger beider christlicher Konfessionen mit Erfolg die altbekannte Parole vom CONTEMPTUS MUNDI entgegen. Auch die Dichter beeilten sich zu versichern:

> Ach, was ist alles dies, was wir vor köstlich achten,
> Als schlechte Nichtigkeit, als Schatten, Staub und Wind,
> Als eine Wiesenblum, die man nicht wiederfind't![8]

Die neuerliche Abwertung der Welt fand ihren Ausdruck im charakteristisch umgedeuteten Irrgarten, oder sollte man besser sagen: in der Renaissance der pessimistischen mittelalterlichen Deutung des Labyrinths?

In jener Zeit der großen Melancholie[9] war in der Kirche SAN SAVINO in Piacenza noch ein altes Labyrinth-Mosaik zu sehen, dessen erläuternder Text erhalten und in unseren Tagen sogar romanhaft zu postmoderner Erinnerung gelangt ist[10]:

HUNG MUNDUM TIPICE LABERINTHUS DENOTAT ISTE
INTRANTI LARGUS, REDEUNTI SET NIMIS ARTUS
SIC MUNDO CAPTUS VICIORUM MOLE GRAVATUS
VIX VALET AD VITE DOCTRINAM QUISQUE REDIRE.

Unsere Welt wird typisch durch dieses Labyrinth dargestellt: weit dem Eintretenden, doch wenn man zurückkehren möchte, recht eng. So vermag der von der Welt Ergriffene, durch die Last seiner Sünden Beschwerte kaum zur Lehre des Lebens zurückzukehren.

Die hervorragendste literarische Formulierung dieses Gedankens stammt von dem tschechischen Gelehrten Jan Amos Koménsky, der den gebildeten Europäern unter dem lateinischen Namen Comenius bekannt ist: »Das Labyrinth der Welt und das Paradies des Herzens«. Diesen Roman verfaßte er als junger Pfarrer der Böhmischen Brüder-Gemeinde bald nach Beginn des Dreißigjährigen Krieges.

Im Jahre 1620 hatte die katholische Partei die Schlacht am Weißen Berg bei Prag für sich entschieden und machte sich daran, ihre Gegenreformation gewaltsam durchzusetzen. Koménsky mußte seine Pfarrei im mährischen Fulnek verlassen und sich im ostböhmischen Brandeis in Sicherheit bringen. Dort arbeitete er 1622–23 an seinen *Trostschriften*«, darunter *Das Labyrinth der Welt*«. Im Frühjahr 1628 ging er ins polnische Exil, und dort, der Zufluchtsstätte der Böhmischen Brüder, erschien sein Werk im Jahre 1631. Eine zweite, ergänzte Ausgabe wurde 1663 in Amsterdam, seinem zweiten Asyl, veröffentlicht, das Buch eines Emigranten und Weltbürgers, der am Ende seines Lebens von sich sagte:

Mein Leben war ein Wandern, eine Heimat hatte ich nicht. Es war ein ruheloses, fortwährendes Umhergeworfenwerden, niemals und nirgends fand ich einen Wohnsitz.[11]

Comenius kommentiert den Titel seines Labyrinthbuches mit folgenden Worten:

Das ist eine klare Beschreibung, wie in dieser Welt und allen ihren Dingen nichts herrscht als Irrung und Verwirrung, Unsicherheit und Bedrängnis, Lug und Trug, Angst und Elend, und zuletzt Ekel an allem und Verzweiflung;

und wie nur der, welcher zu Hause in seinem Herzen wohnet und sich mit Gott allein darin verschließet, zum wahren und vollen Frieden seiner Seele und zur Freude gelangt.[12]

Johann Amos Comenius: »Das Labyrinth der Welt«

Die beigegebene Handzeichnung des Verfassers[13] ist der schlichte Versuch, das Welt-Labyrinth anschaulich als *eine allem Anschein nach sehr schöne, ja herrliche und ausgedehnte Stadt* darzustellen.

Diese durchwandert ein junger Mann, um Erfahrungen zu sammeln: *So ging ich denn von mir selber aus und fing an, mich nach allen Seiten umzusehen ...* Sogleich bietet sich ihm ein Führer an, *Allwisser* mit dem Beinamen *Überalldabei:*

»Hast du von dem Labyrinth auf Kreta gehört?«
»Ich glaube wohl«, sagte ich.

»Es war ein Weltwunder«, erklärte er, »ein Gebäude, das aus so vielen Gemächern, Kammern und Gängen bestand, daß, wer sich einmal ohne Führer hineinwagte, solang er auch darin umherirren und umhertappen mochte, doch niemals einen Ausgang fand. Doch war das nur ein Kinderspiel im Vergleich dazu, wie das Labyrinth der Welt, besonders jetzt, gestaltet ist. Ich rate dir – vertraue einem erfahrenen Manne! – dich nicht allein hineinzuwagen.«

Zu dem vorwitzigen, von Neugierde getriebenen Begleiter gesellt sich bald ein zweiter, der sich *die Verblendung* nennt. Er ist die Verkörperung des Vorurteils, *das den Trugbildern der Welt den Schein der Wahrheit gibt.* Von sich selbst sagt er:

Ich bin der Dolmetsch der Weisheit, der Königin der Welt, von welcher ich das Amt erhalten habe, jedermann darin zu unterweisen, wie man die Dinge der Welt zu nehmen habe.

Um dies sicherzustellen, legt er dem Wanderer einen Zaum an und setzt ihm eine Brille auf. *Geschnitten aus dem Glas des Vorurteils und gefaßt in einen Rahmen von Horn, der Gewohnheit heißt,* bewirkt diese die Umkehrung aller Eigenschaften in ihr Gegenteil, die Ansicht einer verkehrten Welt. Da sie aber zum Glück etwas schief auf der Nase sitzt, gelingt es dem Pilger immer wieder, darunter hinwegzuschielen und so *die Dinge in ihrer natürlichen Gestalt* zu erblicken.

Zu dritt durchwandern sie die Welt-Stadt, den Schauplatz des Menschheitsdramas: die unzähligen Gassen, Plätze, Häuser und Viertel, Allegorien der verschiedenen Stände. Sie gelangen auch zum Schloß des Glückes, zur *Arx Fortunae, in der die vorzüglicheren Menschen wohnen und Reichtum, Lust und Ruhm genießen.* Überall erkennt der Pilger in der Wirklichkeit seiner Zeit die Doppelbödigkeit des Lebens: hinter dem schönen Schein des Welttheaters Lüge und Heuchelei, Unordnung und Unbeständigkeit, Aufgeblähtheit und Selbstgefälligkeit, ja, letztlich Krankheit und Tod. Tief enttäuscht macht er seinen Begleitern Vorhaltungen:

Ihr habt mich überall herumgeführt; doch sagt, was hilft es mir? Ihr habt mir Reichtum, Seelenruhe und Erkenntnis versprochen, aber was besitze ich von alledem? Nichts! Und was kann ich? Nichts! Wo bin ich? Ich weiß es nicht. Nur das eine weiß ich, daß ich nach so vielen Verirrungen, so vielen Mühen, so vielen überstandenen Gefahren und innerlich völlig ermattet und erschöpft nichts anderes gefunden habe als den Schmerz in meiner eigenen Brust, dazu den Haß der anderen gegen mich.

Sein Protest führt dazu, daß ihn seine Begleiter in die Burg der Weisheit, der *Königin der Welt*, bringen und ihn vor ihrem Gericht verklagen. Doch er findet Schonung und hat das bittere Vergnügen, das *Weiberregiment* der Welt kennenzulernen: die geheimen Räte der Königin wie Lauterkeit, Güte, Aufrichtigkeit, Tapferkeit und andere als Tugend maskierte Untugenden, sowie ihre Beamten, Frau Betriebsamkeit für die Unterstadt, Frau Fortuna für das Schloß der Glückseligen. Mit Entsetzen muß er erfahren, daß selbst der weise König Salomo, der die Eitelkeit der Welt erkannt hat, sich zur Wollust verführen läßt.

Als der Wanderer in dem Willen, den Dingen auf den Grund zu gehen, sich schließlich ans Ende der Welt begibt, dorthin, wo die Finsternis beginnt, verlassen ihn seine Begleiter. Er schleudert jetzt die Brille der Verblendung weit von sich, reibt sich die Augen und erblickt vor sich das Reich des Todes *und darin nichts als scheußliches Gewürm, Kröten, Schlangen, Skorpione, Fäulnis und Gestank, Schwefel- und Pechgeruch, Leib und Seele durchschauernd mit namenloser Qual.* Die Wege des Welt-Labyrinths münden letztlich in den *bodenlosen Abgrund jenseits der Welt*, in die Sackgasse schlechthin, die im wörtlichen Sinn ein DEAD END ist. Konfrontiert mit dem Ungeheuer des Todes, mit den Schrecken der äußersten Finsternis, schreit er um Hilfe: *O Gott, o Gott – wofern es einen Gott gibt –, erbarme dich meines Elends!* Da hört er eine Stimme rufen, Gottes Stimme:

Kehre um! ... Kehre dahin zurück, von wo du ausgegangen bist, in deines Herzens Kämmerlein, und schließe hinter dir die Türe zu!

Diesen Rat befolgt er auch sogleich: Er hält Einkehr in die Kammer seines Herzens. Dunkel und chaotisch-verwirrt findet er sie vor, doch seine Bereitschaft wird belohnt: Christus erscheint, und der Besucher wird für den Heimgekehrten jetzt alles das, was die Welt nicht bieten konnte: *Hausgenosse, Bruder, Vater, Freund, Verlobter, der wahrhafte Arzt, die Obrigkeit, welcher er unmittelbar dienen soll, ohne von Gott durch die »Zeremonien« der Kirche getrennt zu werden.*[14] Voraussetzung für das alles ist nur, daß der Heimkehrer seinen Eigenwillen, sein »Ich« zu nichts macht, damit der Wille Gottes geschehe. Nachdem so die *Wiedergeburt* vollzogen worden ist, erhält er einen neuen Zaum, das Joch des Gehorsams, und eine neue Brille, gebildet aus dem Glas des Heiligen Geistes und der Einfassung des Wortes Gottes, *ein Perspektiv, durch welches du die eitlen Torheiten der Welt, wenn du nur richtig darauf achten willst, und auch die Freuden meiner Auserwählten um so klarer erkennen wirst.* So ausgerüstet eilt er durch das Getümmel der Welt zum Tempel der Christen, dem Ort der PRAXIS CHRISTIANISMI. Die *unsichtbare Kirche* ist zweifach verhüllt: durch die von außen erkennbare dunkle Hülle, den CONTEMPTUS MUNDI, die Weltverachtung, und durch die nur von innen wahrnehmbare, den AMOR CHRISTI, die Liebe zu Christus. Diese ECCLESIA SPIRITUALIS ist die Kirche der *inwendigen Christen, eine heilige Gemeinde*, in der sich alle sammeln, die der Welt entsagt haben.

»Pia desideria«, fromme Sehnsüchte und Wünsche sind es, die in den Christen erweckt werden sollten: Diesen Titel trägt das Erbauungsbuch des Jesuitenpaters Hermann Hugo, das im Jahre 1624 erstmals erschien und großen Erfolg hatte.[15] Flügel braucht der Christ, *Sehnsucht nach den ewigen Dingen,* um sich aus der Welt aufzuschwingen *zu seligem Genuß* – so sagte es Comenius. Aber auch Wünsche, sehr kritisch vorgetragen, bekunden sich unter dem Titel »Pia Desideria«, so auch Philipp Jacob Speners Programmschrift zu einer

114

Kirchenreform, die zum Manifest des deutschen Pietismus wurde: »*Hertzliches Verlangen Nach Gottgefälliger Besserung der wahren evangelischen Kirchen sampt einigen dahin einfältig abzweckenden Christlichen Vorschlägen . . .*«[16]

Was Spener 1675 zu bedenken gab, dafür hatte Comenius schon fast ein halbes Jahrhundert früher in seinem »*Paradies des Herzens*« den Grund gelegt. An anderer Stelle hatte er den Gedanken geäußert, die Reformation sei auf halbem Wege stehengeblieben, und der protestantischen Scholastik vorgeworfen, sie verdunkle das Licht des Evangeliums.[17] Das christliche Leben ist für Comenius wie für Spener das *Widerspiel der Welt*, die radikale Alternative. Die Welt ist – metaphorisch verengt – eine große Stadt, in der der Markt der Eitelkeiten und das Theater des Lebens stattfinden. Uralte Motive der Literatur begegnen sich hier.[18] Der Wanderer nimmt die Labyrinthstadt in Augenschein, er ist nicht selbst Akteur, sondern bloßer Beobachter. Die Erfahrung, die er bei seinem Rundgang macht, ist nichts anderes als eine fortschreitende Desillusionierung, die es ihm erlaubt, mit Überzeugung nein zu sagen. Aber kann man eine solch frustrierende Sightseeing-Tour, die durch den christlichen Deus ex machina zur Himmelfahrt ins *Lusthaus des Herzens* umgewendet wird, als Initiationsreise bezeichnen?[19]

Ein Blick auf die *Geistlichen Irrgärten* in Bild und Schrift bestätigt die literarisch vermittelte Sicht der Welt und des Lebens: Ein zeitgenössischer Kupferstich (s. S. 103) zeigt die christliche Seele, als Pilger gekleidet, wie sie mitten im Labyrinth der Welt steht und zur Himmelsburg schaut, von der aus ein Engel sie mit einem seilartigen Ariadne-Faden, Gleichnis des Wortes Gottes, zum Ausgang leitet. Der Weg verläuft auf den hohen Labyrinthmauern, von denen im Augenblick des Unglaubens der Absturz droht, wie es zwei anderen Wanderern auch tatsächlich geschieht. Dagegen findet der Blinde mit seinem Hund – Bild des Gottvertrauens – sicher seinen Weg. Das Leuchtfeuer auf dem himmlischen Turm gibt auch den Schiffen auf dem unsicheren Meer die notwendige Orientierung. Aber selbst dann, wenn Labyrinth und Meer überwunden sind, nämlich im Anstieg auf den

Himmelsberg, ist der Mensch gegen den Absturz nicht gefeit, wie es das Bild zeigt. Das Motto des Kupferstichs ist dem Psalm 118 entnommen: *O daß meine Wege gerichtet würden/zu halten deine Rechte.* In dem Kommentar, der dem Emblem in der deutschen Ausgabe der »Pia Desideria« von 1719 beigegeben ist, lesen wir:

> In dem verwirrten Irregarten/
> Der so von Krümmen zugericht/
> Geh ich und will ohn Furcht erwarten/
> Die Hülffe/die dein Wort verspricht.
> Ich seh von fern/daß da und dorten einer falle/
> Die sonst vorsichtig gnug und wohl die kühnsten
> seiend:
> Ich gehe blindlings fort und meine Künsten alle
> Sind/daß ich völlig mich/ergebe dir/mein Freund! . . .

> Wer sich auf eigne Krafft will gründen/
> Auff sein Geschick/auf seine Hurtigkeit/
> Der wird bey seinem Hochmuth finden/
> Daß Er des Wegs verfehle weit . . .
> Dieß Leben ist ein Irregarten;
> Auff daß der Wandel sicher sey/
> Must Du/ohn Falsch/auf GOtt im blinden Glauben
> warten/
> In reiner Liebe/ohne Heucheley.[20]

8
Lebensläufe

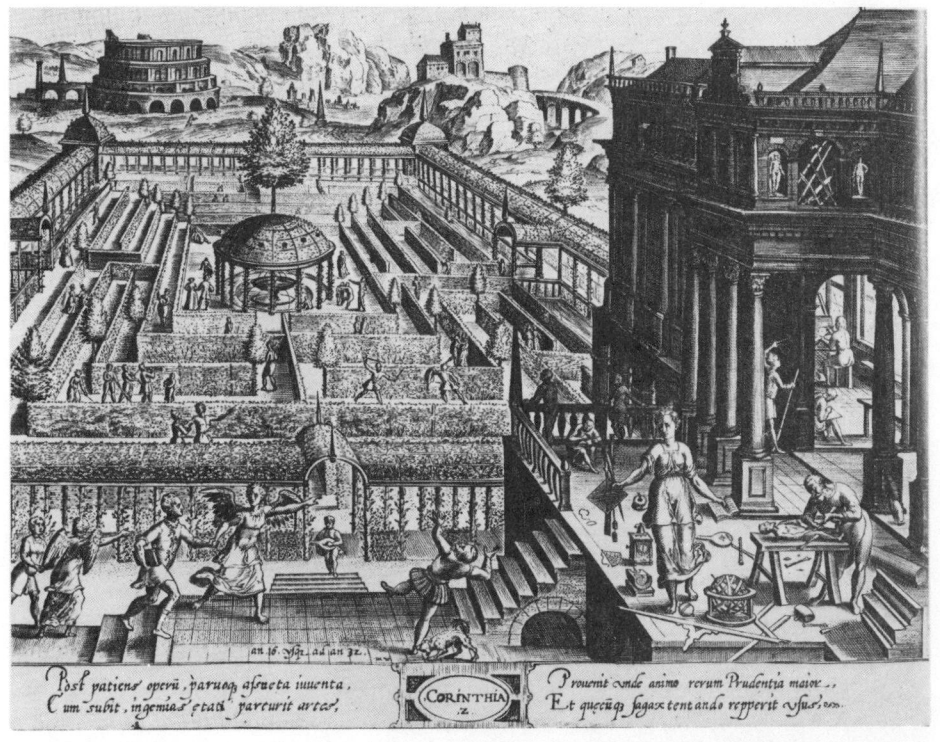

Hecken-Irrgarten
Kupferstich von Hieronymus Wierix, Antwerpen, um 1600

Des Menschen Lebenslauf gleicht einer Irrebahn,
Aus Einfalt irrt das Kind, ein Weiser durch Begierde,
Des Alters Irrweg ist ein falschgesetzter Wahn,
Des Geizes schimmernd Erz, der Geilheit fremde Zierde.
Jedwedes Laster fehlt und fällt vom Mittel ab,
Sucht einen Abweg ihm zum eigenen Verderben.
Ja, nicht der Hundertste weiß seinen Weg ins Grab,
Er kennt ja wohl die Not, doch nicht die Art zu sterben.

Wer aber durch den Bau vernünftig irregeht,
Wird seines Heiles Weg, der Wahrheit Richtschnur finden ...

Daniel Casper von Lohenstein: Aufschrift eines Labyrinths

Zur selben Zeit, als die Frommen im Lande – ganz mittelalterlich gestimmt – ihre Absage an die Welt formulieren, lassen
sich andere von der weltlichen Denkungsart des Huma-
nismus inspirieren. So verstehe ich die Darstellung des Hek-
kenirrgartens von Hieronymus Wierix[1] (s. S. 117): Unter den
Besuchern des Gartens – Musikanten, promenierende Paare
und Einzelgänger – fallen die sich duellierenden jungen
Männer im Vordergrund auf, Menschen im »labyrinthischen«,
unreifen Alter zwischen 16 und 32 Jahren, wie der Bildkom-
mentar sagt; Engel führen sie zum Palast der Schönen Künste,
wo PRUDENTIA, die Einsicht und Klugheit, sie empfängt. Im
Hintergrund des Bildes erkennt man die Ruine des Turms zu
Babel, Hinweis auf die babylonische Verwirrung der Wörter
und – so denke ich – auf die neuzeitliche Orientierungslosig-
keit des Geistes – Kehrseite der neuen Freiheit –, wie sie sich
im Modell des Irrgartens ausdrückt: *Ein Babel an Wirrwarr*,
wie es der Zeitgenosse BALTASAR GRACIÁN in seinem satiri-
schen Roman *»El Criticón«* ausdrückt.[2]
Müssen es Engel sein, die aus den Sackgassen des menschlichen Lebens herausführen? Daniel Casper von Lohenstein
geht in seinem Lehrgedicht *»Aufschrift eines Labyrinths«*
davon aus, daß des Menschen Lebenslauf einem Irrweg

119

gleiche, zeigt aber seinen christlichen Zeitgenossen eine neue Perspektive auf, die erst im 18. Jahrhundert ihre Anerkennung findet:

> Wer aber durch den Bau vernünftig irregeht,
> Wird seines Heiles Weg,
> der Wahrheit Richtschnur finden.[3]

Das neue Jahrhundert, in dem die Vernunft zum Leitfaden menschlichen Denkens und Handelns erklärt wurde, hat Immanuel Kant als *Zeitalter der Aufklärung* bezeichnet, als den Punkt in der Geschichte, in dem *der Ausgang des Menschen aus seiner selbstverschuldeten Unmündigkeit* seinen Anfang nimmt.[4] Emanzipation ist erneut angesagt. Ihr Grundmodell: *Pflicht und Recht der Eltern zur Handhabung und Bildung des Kindes, so lange es des eigenen Gebrauchs seiner Gliedmaßen, imgleichen des Verstandesgebrauchs, noch nicht mächtig ist*, enden mit der *Entlassung (emancipatio)* in die Mündigkeit.[5] Sollte ein derart plötzlicher Sprung in die Freiheit der Selbstbestimmung zu verwirklichen sein?[6] Die paradoxe Maxime, vernünftig irrezugehen, scheint genau hier ihren Platz zu haben. In dem Augenblick, als das MORE GEOMETRICO konstruierte Gartenlabyrinth des Barock und Rokoko, die *geistreiche Anlage*, durch die ebenso künstlich arrangierte Natürlichkeit des Englischen Gartens verdrängt wird, übernimmt die Literatur endgültig die Darstellung und Deutung des *labyrinthisch irren Lebenslaufs*.[7] Was der moderne Mensch zu erwarten hat, demonstriert modellhaft HOMUNCULUS, das Reagenzglas-Menschlein, in der Klassischen Walpurgisnacht der Faust-Tragödie:

> HOMUNCULUS
> Ich schwebe so von Stell' zu Stelle
> Und möchte gern im besten Sinn entstehn,
> Voll Ungeduld, mein Glas entzweizuschlagen;
> Allein, was ich bisher gesehn,
> Hinein da möcht' ich mich nicht wagen. (...)

MEPHISTOPHELES
Wenn du nicht irrst, kommst du nicht zu Verstand.
Willst du entstehn, entsteh auf eigne Hand!

HOMUNCULUS
Ein guter Rat ist auch nicht zu verschmähn.[8]

Homunculus folgt schließlich dem Rat des alten Thales, seine
Evolution im Element des Wassers ganz von vorn anzufangen.
Den pessimistischen Kommentar des Proteus

Denn bist du erst ein Mensch geworden,
Dann ist es völlig aus mit dir.

kontert Thales mit der Bemerkung:

Nachdem es kommt; 's ist auch wohl fein,
Ein wackrer Mann zu seiner Zeit zu sein.[9]

Das, worauf Homunculus noch ein paar Jahrmillionen warten
muß, wird Goethes *Wilhelm Meister*[10] nach ein paar turbulen-
ten *Lehrjahren* unverhofft rasch und scheinbar perfekt zuteil.
Keineswegs hat der jugendliche Wilhelm bei seiner unfreiwilli-
gen *Entlassung in die Mündigkeit* vor, Umwege zu gehen,
vielmehr glaubt er, gleich am Ziel zu sein, in der Schauspielerin
Mariane, seiner ersten Geliebten, die Frau seines Lebens
gefunden zu haben und mit ihr auch den Traum seiner
Kindheit, eine Karriere am Theater, verwirklichen zu können.
In der Folge geht jedoch so gut wie alles schief, wenigstens
scheint es so. Nicht nur dem Labyrinth seiner Gefühle, *das ihn
wieder anzulocken suchte*, muß er entfliehen, um seinen Weg
weitergehen zu können, auch die äußeren Umstände sind
labyrinthisch-verworren; bei dieser Selbstverwirklichung hilft
auch nur bedingt die Vorsorge der *Turmgesellschaft*, eines
Geheimbundes nach Art der Freimaurer, dessen lebenser-
probte Mitglieder eine moderne Variante des Ariadnefadens
praktizieren; der Landgeistliche, Vertreter einer durchaus
weltlichen Spiritualität, gibt denn auch zu bedenken:

121

Nicht vor Irrtum zu bewahren, ist die Pflicht des Menschenerziehers, sondern den Irrenden zu leiten, ja ihn seinen Irrtum aus vollen Bechern ausschlürfen zu lassen, das ist die Weisheit der Lehrer.

Der Irrtum – so scheint es – kann nur *durch das Irren geheilt werden.* Nichts aber ist vergeblich: Denn *alles, was uns begegnet, läßt Spuren zurück, alles trägt unmerklich zu unserer Bildung bei.* So kommt Wilhelm Meister der Erfüllung des von Jugend auf dunkel gehegten Wunsches und dem immer bewußter gewollten Ziel näher und näher: *mich selbst, ganz wie ich da bin, auszubilden.* Am Ende des Romans, als der Bürgersohn seinen *Lehrbrief* erhalten und in der adligen Natalie die wirkliche Frau seines Lebens gefunden hat, hört er das Resümee seiner Lehrjahre:

> ... du kommst mir vor wie Saul, der Sohn Kis, der ausging, seines Vaters Eselinnen zu suchen, und ein Königreich fand.

Goethes Roman stellt eine moderne Version des Initiationsprozesses dar: Wilhelm Meister geht den verschlungenen Weg der Einweihung ins Leben, indem er sich mit Personen und Ereignissen auseinandersetzt, die ihm, *meist unerwartet und ungesucht, aber ihn im Tiefsten angehend,* begegnen. Das Leben ist eben nicht – wie ein kluger Interpret sagt – *das Erwartete, nicht das Entworfene, sondern das Gefundene, das Andere, das Fremde. Aber dann doch zuletzt das Eigene, das unerklärlich und dunkel dem Ich Entsprechende, ob es dies Ich nun fördert oder vernichtet.*[11]

Anders darüber dachte eines der romantischen Genies, NOVALIS, der Goethe zum Lehrmeister hatte und doch das unabweisbare Bedürfnis spürte, sich von ihm zu distanzieren:

> *Gegen* »Wilhelm Meisters Lehrjahre«. Es ist im Grunde ein fatales und albernes Buch ... Hinten wird alles Farce. Die ökonomische Natur ist die wahre – *übrig bleibende.* (...) Das Ganze ist ein nobilitierter Roman. »Wilhelm Meisters Lehrjahre«, oder die Wallfahrt nach dem Adelsdiplom.[12]

Die Antithese des Romantikers ist der Roman »Heinrich von Ofterdingen«, 1802 nach seinem frühen Tod unvollendet erschienen, sechs Jahre nach Goethes *Wilhelm Meister*.

Für Heinrich, den mittelalterlich kostümierten Protagonisten des Romans, ist das Leben eine *Wallfahrt zum heiligen Grabe*, auf der ihn die Träume als *eine göttliche Mitgabe* freundlich begleiten.[13] In den »Blütenstaub-Fragmenten« des Novalis lesen wir, wie diese Wallfahrt vonstatten geht:

> Wir träumen von Reisen durch das Weltall – Ist denn das Weltall nicht *in uns?* Die Tiefen unsers Geistes kennen wir nicht – nach Innen geht der geheimnisvolle Weg. In uns, oder nirgends ist die Ewigkeit mit ihren Welten – die Vergangenheit und Zukunft.[14]

Es verwundert nicht, daß der Roman gleich mit einem Traum beginnt. Dieser führt den jungen Heinrich in eine Höhle, wo ihm eine *Erleuchtung* – Traum im Traume – das Ziel der Lebensreise symbolisch offenbart:

> Eine Art von süßem Schlummer befiel ihn, in welchem er unbeschreibliche Begebenheiten träumte, und woraus ihn eine andere Erleuchtung weckte. Er fand sich auf einem weichen Rasen am Ende einer Quelle, die in die Luft hinausquoll und sich darin zu verzehren schien. Dunkelblaue Felsen mit bunten Adern erhoben sich in einiger Entfernung; das Tageslicht das ihn umgab, war heller und milder als das gewöhnliche, der Himmel war schwarzblau und völlig rein. Was ihn aber mit voller Macht anzog, war eine hohe lichtblaue Blume, die zunächst an der Quelle stand, und ihn mit ihren breiten, glänzenden Blättern berührte. Rund um sie her standen unzählige Blumen von allen Farben, und der köstlichste Geruch erfüllte die Luft. Er sah nichts als die blaue Blume, und betrachtete sie lange mit unnennbarer Zärtlichkeit.[15]

Gerade zwanzig Jahre alt ist Heinrich, als er sich auf die Reise macht. Schon bald führt ihn sein Weg zu den Bergleuten am Fuß eines Gebirges. Ein alter Bergmann – *die Leute nannten ihn einen Schatzgräber* – erzählt von der Kunst des Bergbaus als dem *Sinnbild des menschlichen Lebens*: Sie ermöglicht den *Weg zu den verborgenen Schatzkammern der Natur* durch einen *Irrgarten von Gängen*; seine Genossen kamen ihm vor – so verrät er –

> wie unterirdische Helden, die tausend Gefahren zu über-
> winden hätten, aber auch ein beneidenswertes Glück an
> ihren wunderbaren Kenntnissen besäßen, und in dem
> ernsten, stillen Umgange mit den uralten Felsensöhnen
> der Natur, in ihren dunklen, wunderbaren Kammern zum
> Empfängnis himmlischer Gaben und zur freudigen Erhe-
> bung über die Welt und ihre Bedrängnisse ausgerüstet
> würden.

Dem freudig lauschenden Heinrich versichert er, die Tätig-
keit im Inneren der Erde habe ihn in den vollen Besitz dessen gebracht, was von jeher sein sehnlichster Wunsch gewesen sei:

> Es läßt sich auch diese volle Befriedigung eines angebor-
> nen Wunsches, diese wundersame Freude an Dingen, die
> ein näheres Verhältnis zu unserm geheimen Dasein
> haben mögen, zu Beschäftigungen, für die man von der
> Wiege an bestimmt und ausgerüstet ist, nicht erklären
> und beschreiben.

Als ob es darum ginge, das Gesagte in der Praxis zu bewähren, führt der Alte die Gesellschaft der Kaufleute, der sich Hein-
rich angeschlossen hat, am Abend in die nahegelegenen Höhlen, ins Innere der Erde. Im tiefsten Gewölbe entdecken sie verwundert einen Einsiedler, der sich im Gespräch gleichermaßen als Kenner der äußeren Welt und des *innern Lebens* erweist. Heinrich fühlt sich durch diese Begegnung in seinem Innersten verwandelt:

Manche Worte, manche Gedanken fielen wie belebender Fruchtstaub in seinen Schoß, und rückten ihn schnell aus dem engen Kreise seiner Jugend auf die Höhe der Welt.

Unter den Büchern, die ihm der Eremit zeigt, findet er – von den anderen eine Weile allein gelassen – ein ganz wunderbares, das seine ganze Aufmerksamkeit auf sich zieht. Geschrieben ist es in einer Sprache, die Heinrich nicht versteht, kein Titel gibt einen Hinweis, nur ein paar Bilder sprechen zu ihm:

> Sie dünkten ihm ganz wunderbar bekannt, und wie er recht zusah, entdeckte er seine eigene Gestalt ziemlich kenntlich unter den Figuren. Er erschrak und glaubte zu träumen, aber beim wiederholten Ansehn konnte er nicht mehr an der vollkommenen Ähnlichkeit zweifeln. Er traute kaum seinen Sinnen, als er bald auf einem Bilde die Höhle, den Einsiedler, und den Alten neben sich entdeckte. (. . .) Eine große Menge Figuren wußte er nicht zu nennen, doch däuchten sie ihm bekannt. Er sah sein Ebenbild in verschiedenen Lagen. Gegen Ende kam er sich größer und edler vor ... der Schluß des Buches schien zu fehlen.

Heinrich kann das rätselhafte Buch nicht lesen, aber die Bilder sprechen zu ihm, und er sieht sie immer wieder an, bis er die Gesellschaft zurückkommen hört. Von dem Einsiedler erfährt er, daß das Buch in provenzalischer Sprache geschrieben ist, *ein Roman von den wunderbaren Schicksalen eines Dichters, worin die Dichtkunst in ihren mannigfachen Verhältnissen dargestellt und gepriesen wird.* Und der Geheimnisvolle fügt hinzu: *Der Schluß fehlt an dieser Handschrift, die ich aus Jerusalem mitgebracht habe ...*
Erinnerung und Ahnung spielen geheimnisvoll ineinander: In der Tiefe der Höhle blättert er im Buch seines Lebens und sieht in Bildern und Chiffren die Zukunft, als wäre sie Vergangenheit. Ist das Ende noch offen? Wird Heinrich, der zum

125

Dichter Berufene, das Ziel seiner Träume erreichen, *für das er von der Wiege an bestimmt und ausgerüstet ist?* Das Buch seines Lebens, in *Jerusalem* aufgeschrieben, müßte nach dessen eigener Logik auch dort seine Vollendung finden. Ist es das himmlische Jerusalem, das die frommen Christen aller Zeiten ersehnten, oder eines, das der neuzeitliche Mensch in der Tiefe seiner Seele sucht? Die naive, traumwandlerische Sicherheit, mit der sich Heinrich seinem scheinbar überirdischen Ziel nähert, ist mehr Wunsch als Gewißheit:

> ... sollte nicht jene kindliche unbefangene Einfalt sicherer den Weg durch das Labyrinth der hiesigen Begebenheiten treffen, als die durch Rücksicht auf eigenen Vorteil irregeleitete und gehemmte, von der unerschöpflichen Zahl neuer Zufälle und Verwickelungen geblendete Klugheit?

Für Novalis ist ein solch kluger Wanderer offensichtlich Wilhelm Meister auf der *Wallfahrt nach dem Adelsdiplom*. Dessen Entwicklung scheint durch einen horizontal gedachten Irrgarten zu führen, das Ziel dieser Menschenbildung ohne jede Tiefendimension zu sein: ein oberflächlicher Kompromiß mit der zeitgenössischen Wirklichkeit. Goethes Roman – die Beschreibung einer Initiation, die in die Banalität der sozialen, der »ökonomischen« Wirklichkeit führt?[16]

Der alternative Weg ist für Heinrich bestimmt: Er ist *fast Ein Sprung nur, der Weg der innern Betrachtung*. Die Begebenheiten der Reise, die Geschichten und Märchen, die ihm erzählt werden, all das, was ihm von außen begegnet, ist nur Anstoß für den inneren Bildungsprozeß, den er erfährt: *Alles, was er sah und hörte, schien nur neue Riegel in ihm wegzuschieben, und neue Fenster ihm zu öffnen.* Und an anderer Stelle lesen wir: *Das heitere Schauspiel des herrlichen Abends wiegte ihn in sanfte Fantasien: die Blume seines Herzens ließ sich zuweilen wie ein Wetterleuchten in ihm sehen.* Keine Irrwege scheint es da zu geben, sondern nur den heilsgewissen Umweg zum Zentrum: den Weg in die Tiefe, der in die *Bergwerkschächte* des Inneren führt[17], ins Paradies des Herzens. *Wo gehn wir*

126

denn hin? Immer nach Hause. Initiation, das ist für den Romantiker *fast Ein Sprung nur* in den Raum der Unendlichkeit, in die Dimension des Absoluten, ins rein poetische Dasein. Dagegen muß sich Wilhelm Meister sagen lassen: *Der Mensch ist nicht eher glücklich, als bis sein unbedingtes Streben sich selbst seine Begrenzung bestimmt.*[18]

Die *blaue Blume* zu finden, bleibt die Sehnsucht des Menschen. Novalis' Roman blieb Fragment, sein Leben beendete ein früher Tod.

Wie ein Abgesang auf die Differenz der Lebensentwürfe, wie sie sich in den beiden Romanen der klassisch-romantischen Epoche darstellen, erscheint Joseph von Eichendorffs Lied von der Lebensfahrt der *zwei Gesellen*:

> Es zogen zwei rüst'ge Gesellen
> Zum erstenmal von Haus,
> So jubelnd recht in die hellen,
> Klingenden, singenden Wellen
> Des vollen Frühlings hinaus.
>
> Die strebten nach hohen Dingen,
> Die wollten, trotz Lust und Schmerz,
> Was Rechts in der Welt vollbringen,
> Und wem sie vorüber gingen,
> Dem lachten Sinnen und Herz. –
>
> Der erste, der fand ein Liebchen,
> Die Schwieger kauft' Hof und Haus;
> Der wiegte gar bald ein Bübchen,
> Und sah aus heimlichem Stübchen
> Behaglich ins Feld hinaus.
>
> Dem zweiten sangen und logen
> Die tausend Stimmen im Grund,
> Verlockend' Sirenen, und zogen
> Ihn in der buhlenden Wogen
> Farbig klingenden Schlund.

Und wie er auftaucht' vom Schlunde,
Da war er müde und alt,
Sein Schifflein das lag im Grunde,
So still wars rings in der Runde,
Und über die Wasser wehts kalt.

Es singen und klingen die Wellen
Des Frühlings wohl über mir;
Und seh ich so kecke Gesellen,
Die Tränen im Auge mir schwellen –
Ach Gott, führ uns liebreich zu Dir![19]

Der sehnsüchtige Aufbruch der Jugend endet in den Sackgassen des erwachsenen Lebens. Der eine – eine biedermeierliche Parodie auf Wilhelm Meister – landet unversehens in der philiströsen Existenz des Besitzers von Frau und Kind, Haus und Hof. Sein hohes Streben endet nicht in der vernünftigen Selbstbegrenzung, sondern in der Beschränktheit bürgerlichen Glücksstrebens. Der andere – nur von ferne an den Träumer Heinrich von Ofterdingen erinnernd – folgt den Sirenengesängen der eigenen Tiefe und verliert sich im Abgrund des Unendlichen, im ruinösen Rausch der Selbstentgrenzung. Das richtige Leben scheint nicht mehr gefunden zu werden. Gott sei's geklagt! Ist die leise Bitte um göttliche Führung Ausdruck der Resignation des späten Romantikers oder Zeichen der Weisheit des christlichen Dichters?

Knapp hundert Jahre später verstummt auch noch die leiseste Bitte um Beistand, und die Irrwege des Lebens sind zu einer einzigen Sackgasse geworden:

»Ach«, sagte die Maus, »die Welt wird enger mit jedem Tag. Zuerst war sie so breit, daß ich Angst hatte, ich lief weiter und war glücklich, daß ich endlich rechts und links in der Ferne Mauern sah, aber diese langen Mauern eilen so schnell aufeinander zu, daß ich schon im letzten Zimmer bin, und dort im Winkel steht die Falle, in die ich laufe.« – »Du mußt nur die Laufrichtung ändern«, sagte die Katze und fraß sie.[20]

128

9
Liebesgarten

Weg-Weiser zur Heirat aus dem Labyrinth der Liebelei
Kupferstich als Illustration zu einem Gedicht
des niederländischen Dichters Jacob Cats (1577–1660)

Ja, die Augen waren's, ja, der Mund
Die mir blickten, die mich küßten.
Hüfte schmal, der Leib so rund
Wie zu Paradieses Lüsten.
War sie da? Wo ist sie hin?
Ja! sie war's, sie hat's gegeben,
Hat gegeben sich im Fliehn
Und gefesselt all mein Leben.

Johann Wolfgang Goethe,
Westöstlicher Divan

Flieh vor den Begierden der Jugend! mahnte einst der Apostel
Paulus den Timotheus.[1] Nahezu sechzehnhundert Jahre später machte ein niederländischer Kupferstecher gerade diesen
paulinischen Imperativ zum Motto seines *Liebeslabyrinths,*
das ein Gedicht seines Landsmannes Jacob Cats illustrieren
sollte: »*Weg-Weiser zur Heirat aus dem Labyrinth der Liebelei*«.[2]
Die strengen Protestanten dieser Zeit nahmen das Motto
gewiß zum Anlaß, ihre Bibel aufzuschlagen und zu lesen, was
der rigorose Apostel noch weiter zu sagen hatte:

> Wende dich von diesen Menschen ab. Zu ihnen gehören
> Leute, die sich in die Häuser einschleichen und dort
> gewisse Frauen auf ihre Seite ziehen, die von Sünden
> beherrscht und von Begierden aller Art umgetrieben
> werden, Frauen, die immer lernen und die doch nie zur
> Erkenntnis der Wahrheit gelangen können.[3]

Kommen Frauen überhaupt zur Erkenntnis der Wahrheit? ist
man zu fragen versucht. Ein Blick auf das Bild des Kupferste-
chers gibt uns die Antwort des 17. Jahrhunderts: Eine modisch
gekleidete junge Frau mit einem Blumenstrauß in der Hand
betritt einen Irrgarten aus hüfthohen Hecken, von Amor

131

angelockt. In den Gängen promenieren verschiedene Paare, nur ein einziger Mann ist unbeweibt geblieben. In der Mitte des Labyrinths sitzt in einer Laube um einen Maibaum herum eine Festgesellschaft: Hochzeit wird gefeiert. Nahe am Eingang zeigt Amor, der die junge Frau am Ariadnefaden führt, mit verheißungsvoller Geste ins Labyrinth hinein, dorthin, wo an der nächsten Biegung der Junggeselle wartet, bereit zum Stelldichein.

Der Sinn dieser Inszenierung ist für den Betrachter einleuchtend, ein Kommentar eigentlich überflüssig. Dennoch wird er in den vier Medaillons gegeben: links oben ein Paar bei einem Wegweiser, vor einem Labyrinth; links unten zwei Kälber und oben rechts Amor auf einem Kalb, Anspielungen auf die Kälberliebe, die Liebelei; rechts unten gar die Hand Gottes, die mit einem Ariadnefaden den Weg durch einen Wald weist.[4]

Flieh vor den Begierden der Jugend! Der Gang durchs Labyrinth der Liebelei bleibt keinem erspart, der ans Ziel kommen will. Man dreht und wendet sich, stößt an Barrieren, gerät in Konfusion. Wenn alles gutgeht, bringt die Ehe die Erkenntnis der Wahrheit, sie ist das Heilmittel für jugendliche Begierde und der paradiesische Ort der Fruchtbarkeit, wo der Baum des Lebens wächst.

Ein Zeitgenosse, MICHEL DE MONTAIGNE, beschreibt treffend den Inhalt des angestrebten Zustandes:

> Der Ehestand ist eine fromme heilige Verbindung. Das ist der Grund, warum das Vergnügen, welches man daraus zieht, ein bedächtliches, ernsthaftes und mit einiger Strenge vermischtes Vergnügen sein muß. Es muß eine gewissermaßen kluge und gewissenhafte Wollust sein. Und, weil ihr Hauptzweck Erhaltung und Fortpflanzung ist, so gibt es einige, die es in Zweifel ziehen, ob, wenn die Beschaffung dieses Endzwecks nicht zu hoffen ist, ... es erlaubt sei, dann noch diesen Beweis der Liebe zu begehren.[5]

Liebeslabyrinthe waren um 1600 im zivilisierten Europa sehr beliebt. Was faszinierte daran? Offensichtlich nicht so sehr

die Vorstellung des Ziels wohlanständiger Heirat, sondern
eher der Genuß des Weges. Der Vorwand der Sittenstrenge
erlaubte die spielerische Vergegenwärtigung von Alternativen: Statt entschlossen den Ehehafen anzusteuern, machte
man sich auf nach KYTHERA, der Insel Aphrodites, und bevor
man in den Garten Eden, ins Paradies der Liebe gelangte, bot
das Heckenlabyrinth allerhand Gelegenheit zu Versteck und
präludierender Lustbarkeit. Ertappte das Gewissen die
schweifende Phantasie bei verbotenen Abenteuern, so
konnte das Liebeslabyrinth auch für diese Erfahrung Zeugnis
geben: Statt von den Früchten des Lebensbaums gekostet zu
haben, fand man sich unter dem Baum der Erkenntnis von
Gut und Böse wieder, den fatalen Apfel in der Hand, und ganz
gewiß hatte ihn eine Eva gepflückt. Die Vertreibung aus dem
Paradies und die Mühsal des Lebens waren die bittere Folge.

Ganz andere Liebesgärten waren die nordischen *Trojaburgen*[6], falls sie nicht ganz prosaisch magische Tierfallen dar-
stellten, die die Fischer Skandinaviens zum erfolgreichen
Fischfang benutzten. Die Nachrichten über die erotische
Qualität der Trojaburgen sind etwas windig, aber diese Tatsache soll uns nicht daran hindern, sie zu erforschen. Trojaburgen nennt man labyrinthförmige Steinsetzungen, bestehend
aus faust- bis kopfgroßen Steinen, die auf freiem Feld lose
ausgelegt sind. Der Konstruktion nach sind es kretische, also
vorchristliche Labyrinthe. Sie haben phantasievolle Namen:
Rundburg, Riesenzaun, Riesenstraße, Steinmauer, auch Städ-
tenamen wie Jerusalem, Ninive, Babylon, Jericho, Konstantinopel und Lissabon. Einige von ihnen wurden JUNGFRUDANS,
Jungfrauentanz, und Steintanz genannt. Trotz ihrer sprechen-
den Namen sind es stumme Zeugen der Vergangenheit; ihre
Entstehung reicht – so vermutet man – bis zu tausend Jahre
und mehr zurück. Den frühesten Hinweis auf die Bedeutung
der Trojaburgen gibt ein Wandgemälde aus dem 15. Jahrhundert in der Kirche von Sibbo im finnischen Nyland. Es zeigt
eine Frau im Mittelpunkt eines Labyrinths.[7]

Das jüngste Zeugnis stammt von einer achtzigjährigen
finnischen Frau, die im Jahre 1985 erzählte, was sie als Kind an
einer solchen Trojaburg erlebt hatte:

Kirche von Sibbo. Frau im Labyrinth

In ihrem Zentrum stand ein Mädchen, während ein junger Mann versuchte, es zu erreichen. Dabei durfte er keinen falschen Schritt tun und weder auf die Steine treten noch beim Durchlaufen des Irrgartens das Gleichgewicht verlieren. (...) Während des Spiels standen die Zuschauer am Rande des Labyrinths, klatschten in die Hände und sangen. Wenn der junge Mann das Zentrum ... erreicht hatte, mußte er das Mädchen hochheben und aus dem Labyrinth tragen. Gelang es ihm, dann gehörte das Mädchen ihm.[8]

Ein alter Mann kannte einen anderen Namen für ein solches Labyrinth: Jungfrauenring, wurde es genannt. Nach seiner Erinnerung stand ein Mädchen im Zentrum, aber es waren zwei junge Männer, die von zwei verschiedenen Eingängen aus im Wettlauf zur Mitte strebten, ein jeder bemüht, als erster die Hübsche zu erreichen und zu gewinnen.[9]
   Das Motiv der Frau im Labyrinth tritt in zwei verschiedenen Versionen auf: Einmal ist es die Frau, die verführt und im

Jericho als mondförmiges Labyrinth.
Farbige Miniatur auf Pergament in einer Sammelhandschrift
des 12. Jahrhunderts aus St. Emmeran, Regensburg

Labyrinth gefangengehalten wird, um dann befreit zu werden, wie es der schönen Helena im trojanischen Krieg
geschieht, zum anderen ist es das Mädchen, das gefreit wird,
indem ein junger Mann zu ihm vordringt, wie wir es von
Dornröschen wissen.

Die Frau im Labyrinth: Sollte man da nicht auch an die
biblische Geschichte von der Dirne Rahab denken, deren
Leben bei der Eroberung der Stadt Jericho geschont wird, weil

sie die beiden israelitischen Kundschafter versteckt und mit
einem Seil an der Stadtmauer heruntergelassen hat? Jericho,
das ist für die mittelalterlichen Buchmaler die Stadt mit
einem siebenfachen Mauerring, ein wahres Labyrinth,
obwohl im Buch Josua nur die Rede davon ist, daß die
Israeliten siebenmal um die Stadt zogen, bevor sie zum Sturm
bliesen.[10] Rahab hatte von den beiden Spionen eine purpurrote Schnur erhalten und sie an ihr Fenster gebunden – den
roten Faden zu ihrer und ihrer Familie Rettung als Dank für
das Seil, das die Fremden gerettet hatte.[11]

Eine purpurrote Schnur – ob auch der Faden der Ariadne
diese Farbe hatte? Auffällig muß er ja gewesen sein, sonst hätte
Theseus mit seiner Hilfe nicht den Weg finden können. Aber
vielleicht ist das eine ganz falsche Erklärung. Schon manche
Erzählungen der Griechen setzen voraus, daß Theseus die
Dunkelheit des Labyrinths erhellen mußte, um zum Ziel
kommen zu können. Deshalb blieb in ihnen der Faden aus dem
Spiel, und statt dessen beleuchtete ein glänzendes Diadem den
Weg. Ein solches besaß aber Ariadne. War es der Brautkranz,
den sie von ihrem legitimen Gatten Dionysos erhalten hatte,
oder das rosendurchflochtene Geschenk der Amphitrite, das
Theseus der in Liebe Entbrannten zur einladenden Begrüßung
überreicht haben mag? Jedenfalls heißt es, daß Ariadne den
Helden bei seinem Labyrinthgang begleitet habe.

Was sich dabei ereignete, im matten Sternenglanz des gott-
gegebenen Kranzes, ist geheimnisvoll wie alles, was uns
bisher vom Labyrinth berichtet worden ist. Gewiß mußte der
Stier des Minos sterben, sogleich aber wurde Hochzeit gefeiert, *heilige Hochzeit* wohlgemerkt, ein Fest der Fruchtbarkeit,
der Beginn neuen Lebens. Und dabei spielte der Liebhaber
aus Athen die Rolle des Dionysos, des eigentlichen Gatten der
Ariadne. Diese aber ist für Theseus die Erscheinung Aphrodites, der Liebesgöttin: ARIADNE APHRODITE.[12]

Ein wahrhaft heiliger Beischlaf also! Das Wort *Ehebruch*
verbietet sich hier einfach, wenn auch post festum viel die
Rede davon war. Viel eher ist der Begriff *Stellvertretung* am
Platz: Theseus vertritt Dionysos, aber nicht nur den, sondern
auch Minos, den kretischen PAREDROS der Göttin, ob sie nun

136

PASIPHAE oder ARIADNE APHRODITE heißt, und er tut es in offizieller Mission, nicht etwa zum Privatvergnügen, nämlich als prinzlicher Botschafter Athens in Kreta.[13]

Theseus kämpft in Begleitung Ariadnes mit dem Minotauros:
Goldrelief um 650 v. Chr.

Oinochoe (Weinkanne) von Tragliatella (Ausschnitt).
Etruskisch, um 620 v. Chr. Älteste bekannte Darstellung des Trojaspiels.
Das Labyrinth, aus dem die beiden Reiter herauskommen, ist linksläufig
mit »Truia« bezeichnet.

Spätere Kommentierungen, etwa die, daß Theseus der Don Juan des Altertums gewesen sei, gehen daher fehl. Der HIEROS GAMOS, die heilige Hochzeit, war vor allem *heilig* und deshalb

nur sehr bedingt *vergnüglich,* wie ein ernst zu nehmender
Erforscher der griechischen Religion glaubhaft versichert: Sie
stand – die Geschichte von Jasion, der bei dieser Gelegenheit
vom Blitz erschlagen wurde, beweist es hinlänglich – *dem
Opfer näher ... als der Wollust.*[14] Insofern nimmt der sakrale
Beischlaf des Theseus und der Ariadne prototypisch die
christliche Ehe vorweg, wie sie Michel de Montaigne im 16.
Jahrhundert beschrieben hat: *... eine fromme heilige Verbin-
dung,* die nur *ein bedächtliches, ernsthaftes und mit einiger
Strenge vermischtes Vergnügen* erlaubt.[15]

Die späteren europäischen Traditionen folgten eher der
profanen Deutung des Labyrinthgeschehens, die uns die
erfolgreicheren Erzählungen der Griechen vermittelt haben.
Zuerst muß sich Theseus bewähren, muß den Stier des Minos
töten und aus dem Labyrinth herausfinden, erst dann kommt
Ariadne zur Sache und läßt sich im Sturm erobern. Fruchtbarkeit ist da weniger erwünscht. Eine ferne Erinnerung an den
Stierkämpfer und zweifachen Sieger Theseus sind die archaischen LUDI TAURINI, Stierspiele, wie sie früher in den Bergen
von León am 1. Mai stattfanden: Junge Männer, die auch
Stierhörner auf dem Kopf trugen, kämpften miteinander um
die jungen Mädchen. Zu guter Letzt gingen diese mit den
Siegern ins Heu. Ein halbes Jahr blieben die Paare zusammen
und trennten sich dann wieder.[16] Unserem klassischen Paar
war eine solche Liebesfrist ja leider nicht vergönnt.

Im Kontrast zu den deftigen Volksbräuchen des alten Europa
stehen die Gedankenspiele der Dichter und Denker. Nicht
ohne tieferen Grund sind seit der Renaissance die hohen
Zeiten des Labyrinths eng verknüpft mit einem großen Interesse für Eros und Sexus. Sogar von *Pansexualismus* hat man
gesprochen[17]: Er reicht von GIANBATTISTA MARINO, der durch
sein Epos »L'Adone« im Jahre 1623 die Sex-Lawine in Bewegung
gesetzt haben soll, bis hin zu HENRY MILLERS Romanen im
20. Jahrhundert. Schon Leonardo da Vinci hatte die Liebe
TERRIBILE E SUAVE, schrecklich und süß, genannt, eine paradoxe und gleichsam labyrinthische Erfahrung. Marino ging
einen Schritt weiter, als er von ihr als einem *modernen Monstrum* sprach, in dem alles Gegensätzliche vereint sei:

Willentlicher Wahn, vergnügliches Böses,
müde Ruhe, verderblicher Nutzen,
verzweifeltes Hoffen, lebendes Sterben,
kühne Angst, gequältes Lachen,
unzerstörbares Glas, glühendes Eis:
ewiger Abgrund von Discordie Concordi,
höllisches Paradies, himmlische Hölle.[18]

DISCORDIA und CONCORDIA, Zwietracht und Eintracht in einem, ist sie ein wahres Zwitterwesen wie Minotauros, der Tiermensch mit göttlichen Ambitionen. Aber sie ist nicht nur ein monströser Zustand, sondern auch und vor allem ein labyrinthisches Geschehen, ein neuzeitlicher *Irrgarten*.

Das hintergründig paradoxe Wesen der Liebe hält Amors Verehrer jedoch nicht davon ab, vor allem ihre süße Seite zu preisen:

Die Wollust bleibet doch der Zucker dieser Zeit,
Was kann uns mehr denn sie den Lebenslauf versüßen?

So dichtet Christian Hofmann von Hofmannswaldau in der Nachfolge MARINOS.[19] Und doch gelten die skeptischen Worte der *Aufschrift eines Labyrinths*:

Des Menschen Lebenslauf gleicht einer Irrebahn ...[20]

Die Liebeslabyrinthe jener Zeit bekundeten visuell die literarisch vermittelten Erfahrungen, wenn auch meist mit allen paulinischen Vorbehalten christlicher Moral.

Mehr als ein Jahrhundert später, an der Schwelle zum 19. Jahrhundert, provozierte ein Intellektueller der romantischen Generation, Friedrich Schlegel, seine scheinbar aufgeklärten Zeitgenossen, indem er in seinem Roman »*Lucinde*« die labyrinthischen *Lehrjahre der Männlichkeit* in die ideale Ehe der Moderne münden läßt. Der Berliner Skandal des Jahres 1799! Gleich im ersten Kapitel schreibt Julius an Lucinde:

Alle Mysterien des weiblichen und des männlichen Mut-
willens schienen mich zu umschweben, als mich Einsa-
men plötzlich deine wahre Gegenwart und der Schimmer
der blühenden Freude auf deinem Gesichte vollends
entzündete. Witz und Entzücken begonnen nun ihren
Wechsel und waren der gemeinsame Puls unsers verein-
ten Lebens; wir umarmten uns mit eben so viel Ausgelas-
senheit als Religion . . .[21]

In der folgenden »*Dithyrambischen Fantasie über die schönste
Situation*« lasen die Zeitgenossen, falls sie das Buch nicht
schon nach den ersten Seiten angewidert weggelegt hatten,
die unerhörten Sätze:

Ja! Ich würde es für ein Märchen gehalten haben, daß es
solche Freude gebe und solche Liebe, wie ich nun fühle,
und eine solche Frau, die mir zugleich die zärtlichste
Geliebte und die beste Gesellschaft wäre und auch eine
vollkommene Freundin. . . Es gehört dir alles und wir sind
uns die nächsten und verstehn uns am besten. Durch alle
Stufen der Menschheit gehst du mit mir von der ausge-
lassensten Sinnlichkeit bis zur geistigsten Geistigkeit . . .
So schlingt die Religion der Liebe unsre Liebe immer
inniger und stärker zusammen . . .[22]

Vergessen scheinen die Paradoxien des *modernen Monstrums,*
von dem MARINO gesprochen hatte. Die Gegensätze sind in
die vollkommene Synthese eingeschmolzen:

Sie waren ganz hingegeben und eins und doch war jeder
ganz er selbst, mehr als sie es noch je gewesen waren, und
jede Äußerung war voll vom tiefsten Gefühl und eigen-
sten Wesen.[23]

Die romantische Liebesehe wird im Laufe eines Jahrhunderts
zur Religion der Aufgeklärten und zum Modell der Ehe
schlechthin. Sollte das wirklich gutgehen?[24] Skeptisch
dichtete der junge Heinrich Heine:

Wir haben viel füreinander gefühlt,
und dennoch uns gar vortrefflich vertragen.
Wir haben oft »Mann und Frau« gespielt,
und dennoch uns nicht gerauft und geschlagen.
Wir haben zusammen gejauchzt und gescherzt,
und zärtlich uns geküßt und geherzt.
Wir haben am Ende, aus kindischer Lust,
»Verstecken« gespielt in Wäldern und Gründen,
und haben uns so zu verstecken gewußt,
daß wir uns nimmermehr wiederfinden.[25]

Sollte er die Hand Gottes, die mit dem Ariadnefaden den Weg durch den Wald weist, übersehen haben? Oder sucht man im romantischen Waldlabyrinth den hilfreichen Zeigefinger umsonst? Anders gewendet hat der alte Goethe die labyrinthische Erfahrung der Liebe:

Wunderlichstes Buch der Bücher
Ist das Buch der Liebe;
Aufmerksam hab' ich's gelesen:
Wenig Blätter Freuden,
Ganze Hefte Leiden;
Einen Abschnitt macht die Trennung.
Wiedersehn – ein klein Kapitel,
Fragmentarisch! Bände Kummers,
Mit Erklärungen verlängert,
Endlos, ohne Maß.
O Nisami! – doch am Ende
Hast den rechten Weg gefunden;
Unauflösliches, wer löst es?
Liebende sich wieder findend.[26]

10
Die Bibliothek

Knoten mit sieben Geflechten
Albrecht Dürer (1471–1528)
Holzschnitt nach Vorbildern von Leonardo da Vinci, 1506/07

»Die Bibliothek ist ein Labyrinth?«
»Hunc mundum tipice laberinthus denotat ille«,
rezitierte der Greis versunken.
»Intranti largus, redeunti sed nimis artus.
Die Bibliothek ist ein großes Labyrinth,
Zeichen des Labyrinthes der Welt.
Trittst du ein, weißt du nicht,
wie du wieder herauskommst.
Man soll die Säulen des Herkules nicht antasten . . .«

Umberto Eco, Der Name der Rose

In der Geschichte des Labyrinths gibt es Höhen und Tiefen, Zeiten des gesteigerten Interesses und des Vergessens wie in allen menschlichen Angelegenheiten. Oft genug war es nicht der Tiefsinn, sondern die unterhaltsame Oberfläche des Phänomens, die es in der Erinnerung der Menschen aufbewahrte, um es zu neuer Bedeutsamkeit erwecken zu können: die kindliche Lust an spannenden Geschichten und interessanten Spielen. Labyrinthische Wege, wie auch immer gestaltet, verführen zu tänzerischer Bewegung – welches kindliche Gemüt könnte dem widerstehen –, und dabei kommt es eigentlich gar nicht auf irgendeine Symbolik an. So hat KARL KERÉNYI von der heidnisch-weltlichen »Lust am Labyrinth« gesprochen, die gerade im christlichen England als unbewußte Tradition im Hintergrund weiterlebte.[1] Im Jahre 1922 allerdings schien auch sie am Ende zu sein: WILLIAM HENRY MATTHEWS jedenfalls, Autor des Buches »Mazes and Labyrinths« (Irrgärten und Labyrinthe), meinte damals, die Zeit der Labyrinthe sei vorbei und werde auch nicht weiterleben.[2] Obwohl vieles für diese Auffassung sprach, behielt er nicht recht. Denn in den siebziger Jahren begann eine Renaissance der Labyrinthe und Irrgärten, die in England im Jahre 1984 kulminierte und auch noch jetzt anhält. Sie brachte sogar eine Zeitschrift hervor, die sich ausschließlich mit Labyrinthen beschäftigt: »*Caerdroia* – the journal of mazes & labyrinths«, benannt nach dem walisischen Labyrinthnamen für »City of Troy«. 1991 wurde gar zum Internationalen Jahr des Labyrinths ausgerufen.[3]

Eine bedeutende Rolle in dieser Bewegung spielte seit 1975 die Firma *Minotaur Designs*, gegründet von den *Maze-Designern* Randoll Coate und Adrian Fisher, die mit imposanten Neuschöpfungen wie dem Lappa-Irrgarten in Form der ersten Eisenbahn-Dampflokomotive der Welt und dem hintergründigen »Drachenlabyrinth« im NEWQUAY ZOO in Cornwall[4] von sich reden machte.

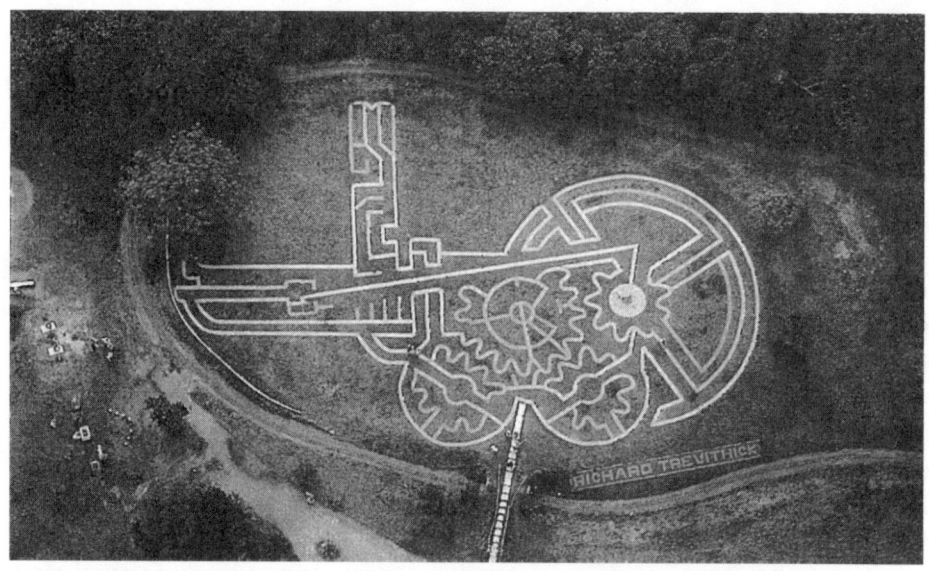

Lappa Maze in Cornwall: Darstellung der ersten Lokomotive, die von Richard Trevithick im Jahre 1804 konstruiert wurde

Ist es der Spieltrieb gelangweilter Menschen in den Wohlstandsgesellschaften der zweiten Jahrhunderthälfte, der einen solchen Boom hervorruft, oder steckt mehr dahinter? ADRIAN FISHER, der versucht hat, das Rätsel zu lösen, ist der Meinung, der visuelle Reiz und die physische Erfahrung des

146

Hecken-Irrgarten in Värmlands Säby (Schweden) von Randoll Coate: Das
Labyrinth in Form eines Falkeneies symbolisiert den Garten Eden; Adam,
Eva und die Sonne in Hellgrau, der Lebensbaum und die Schlange in
Schwarz dargestellt

WALKING WITHIN THE MAZE[5] allein erkläre nicht das
Geheimnis der außerordentlichen Faszination des Labyrinthischen. Für die Menschen der Massengesellschaft ist es
gewiß schon eine Wohltat, zu Fuß unterwegs zu sein in einem
geschlossenen Bezirk, in den Autos nicht eindringen können,
eine Oase der Ruhe zu betreten und in unbekümmerter
Geselligkeit ihre Freizeit zu erleben. Wird darüber hinaus die
verborgene Bedeutung des Gebildes erfahrbar? Die Maze-
Designer unserer Tage legen ihre Schöpfungen oft direkt auf

147

Symbolik an. Randoll Coate zum Beispiel kombinierte 1979 in seinem komplizierten Hecken-Irrgarten »Creation« im schwedischen Värmland die Irrgarten-Vorstellung mit weiteren Motiven: Weltenei, Paradies, Lebensbaum, Adam und Eva.[6]

Der Besucher müßte die Vogelperspektive einnehmen, um nur andeutungsweise den symbolischen Gehalt zu entdekken. Die verschlungenen Wege begehend aber erspürt er vielleicht die Grundidee des Irrgartens: daß dem Wirrwarr eine Ordnung zugrunde liegt, die es dem Wanderer ermöglicht, den zum Ziel führenden Ariadnefaden zu finden – Sinnbild seiner Hoffnung auf Orientierung in einer unüberschaubar gewordenen Welt.

Zu Beginn der Neuzeit waren nicht nur die ersten Irrgärten konstruiert worden, sondern auch Gebilde, die ihnen der Intention nach ähnlich sind: komplizierte Knoten, die ein unentwirrbares Durcheinander vortäuschen, in Wirklichkeit aber eine einzige durchgehende Linie darstellen; diese verläuft jedoch so, daß sie ohne Anfang und Ende in sich selbst kreist. Leonardo da Vinci und Albrecht Dürer (s. S. 143) haben solche Geflechte gezeichnet.[7] *Landkarten des Mysteriums* sind sie genannt worden, kryptographische Symbole *der uralten kosmologischen Vorstellung der »Welt-Verknotung«*, konstruiert, um *die Einheit einer sich auflösenden Welt in abstrakten Gebilden wiederherzustellen.*[8] Sollten wir uns heute in einer ähnlichen Situation wie Leonardo befinden?

Was sich in den Erfolgen der Maze-Designer ausdrückt, könnte eine Parallele in der Literatur der achtziger Jahre haben, vor allem im Welterfolg des Mittelalter-Romans *»Der Name der Rose«*[9], geschrieben von Umberto Eco, der wahrlich den Namen eines Literatur-Designers verdient. *Natürlich, eine alte Handschrift*, so ist der fiktive Bericht des Herausgebers – datiert auf den 5. Januar 1980 – überschrieben. Das Motto des gesamten Romans könnte entsprechend lauten: Natürlich, ein altes Labyrinth!

William von Baskerville, Zeichendeuter und Spurensucher, wird gleich nach seiner Ankunft in der mittelalterlichen Benediktinerabtei am Südhang des Apennins mit einem omi-

nösen Todesfall konfrontiert: Ein junger Mönch scheint durch
den Sturz vom Ostturm des klösterlichen AEDIFICIUMS umge-
kommen zu sein, gefallen oder gestoßen aus einem Fenster
des Obergeschosses, in dem sich die Bibliothek befindet. Im
Gespräch mit dem Abt erfährt der um Aufklärung gebetene
Franziskanerpater, ehemaliger Inquisitor, daß seiner Detek-
tivarbeit eine unüberschreitbare Grenze gezogen ist: Der
Zugang zur Bibliothek, *von der man bewundernd in allen
Klöstern der Christenheit spricht*[10], ist nicht nur für die Besucher der Abtei, sondern auch für alle ihre Mönche außer dem
Bibliothekar und seinem Adlatus aufs strengste verboten. Ein
seltsames Tabu!

Unsere Bibliothek ist nicht wie die anderen . . .,[11] gibt der Abt
zu verstehen, und William glaubt den Sinn dieser Auskunft
zu deuten, indem er ihre unvergleichliche Größe rühmt:

> Ich weiß, daß Eure Abtei das einzige Licht ist, das die
> Christenheit den sechsunddreißig Bibliotheken von Bag-
> dad, den zehntausend Handschriften des Wesirs Ibn al-
> Alkami entgegenzusetzen hat, daß die Zahl Eurer Bibeln
> den zweitausendvierhundert Koranabschriften gleich-
> kommt, derer sich Kairo rühmt, und daß die Realität
> Eurer Schätze eine glänzende Widerlegung der stolzen
> Legende jener Ungläubigen darstellt, die vor Jahren
> behaupteten (vertraut mit dem Fürsten der Lüge, wie sie
> es sind), die Bibliothek von Tripolis besitze sechs Millio-
> nen Bände und sei bewohnt von achtzigtausend Kom-
> mentatoren und zweihundert Schreibern.[12]

Warum aber sollte man ein solches Wunderwerk europäi-
scher Kultur nicht besichtigen dürfen? Die Erklärung des
Abtes klingt geheimnisvoll:

> Die Bibliothek ist nach einem Plan entstanden, der allen
> Beteiligten dunkel geblieben ist in all den Jahrhunderten,
> keiner der Mönche war und ist je befugt, ihn zu kennen.
> Allein der Bruder Bibliothekar weiß um das Geheimnis, er
> hat es von seinem Vorgänger erfahren und gibt es vor

seinem Tode weiter an seinen Adlatus, damit, falls ein
plötzlicher Tod ihn heimsucht, die Bruderschaft nicht
dieses kostbaren Wissens beraubt wird. Doch beider Lippen sind durch das Geheimnis versiegelt. Allein der
Bibliothekar hat das Recht, sich im Labyrinth der Bücher
zu bewegen ...[13]

Und allein der Bibliothekar, fährt der Abt fort, *kann aus der
Signatur eines Buches und aus dem Grad seiner Unzugänglichkeit ersehen, welche Art von Geheimnis, von Wahrheit oder von
Lüge es enthält.*[14] Später wird Jorge von Burgos, der blinde
Wächter der Bibliothek und ihr personifiziertes Gedächtnis,
sagen: *Die Bibliothek ist Zeugnis der Wahrheit wie des Irrtums.*[15]
Und weil sie beides in sich enthält, unterliegt ihre Benutzung
nicht nur der strengen Zensur ihres Meisters, sondern ist sie
so eingerichtet, daß sie sich selbst verteidigt:

> Unergründlich wie die Wahrheit, die sie beherbergt, trügerisch wie die Lügen, die sie hütet, ist sie ein geistiges
> Labyrinth und zugleich ein irdisches. Kämt ihr hinein, ihr
> kämt nicht wieder heraus.[16]

Mit dieser Warnung entläßt der Abt fürs erste den neugierigen Detektiv. Beim ersten Versuch, in das Labyrinth einzudringen, machen William und sein junger Gefährte Adson
denn auch unliebsame Erfahrungen: Nicht nur erschreckende Visionen und Halluzinationen, erzeugt von gestaltverzerrenden Spiegeln und giftig glimmenden Öllampen,
machen ihnen zu schaffen, sondern vor allem der zunehmende Verlust der Orientierung durch die verwirrende
Anordnung der Gänge. Nur durch einen glücklichen Zufall
finden sie den Ausgang wieder.

Für den zweiten Versuch hilft nur die methodisch durchdachte Rekonstruktion des Bauplans als der einzig erfolgversprechende *Faden der Ariadne*:

> Hör zu, Adson, wir werden die mathematischen Wissenschaften anwenden ... die Bibliothek ist von einem

menschlichen Geist konstruiert worden, der mathematisch dachte, denn ohne Mathematik errichtet man kein Labyrinth.[17]

Nur, die Anordnung der im Dunkel liegenden Durchgänge entspricht *keinerlei mathematischem Gesetz*, und das macht die Sache doch wieder schwierig. *Ein Höchstmaß an Konfusion durch ein Höchstmaß an Ordnung: wahrlich ein raffiniertes Kalkül.* William kann sich eines Lobes nicht enthalten: *Die Erbauer der Bibliothek waren große Meister!*[18]

Die zweite *Erkundungsreise ins Innere des Labyrinths*[19] gilt nicht nur der Vervollständigung des architektonischen Plans der Bibliothek, die – wie sie an den Inschriften der Räume ablesen – *nach dem Muster des Weltkreises angelegt*[20] ist, sondern auch der Thematik und Zuordnung der Bücher zu den entdeckten Räumen, und sie blättern die Folianten durch, als erforschten *sie einen fremden Kontinent oder eine Terra incognita*,[21] gilt es doch, das eine und einzig wichtige Buch zu finden, das CORPUS DELICTI aller Verbrechen, die dem ersten Todesfall in der *Abtei des Schreckens*[22] gefolgt waren. Sie finden auch den gesuchten Raum, das Zentrum des Labyrinths, das nicht in der Mitte des AEDIFICIUMS, sondern in seinem Südturm liegt: *Finis Africae* ist sein Name. Aber den Zugang zu ihm finden sie nicht. Als es ihnen bei einem weiteren Versuch durch einen glücklichen Einfall gelungen ist, die Geheimtür zum Zentrum zu öffnen, stehen sie vor Jorge von Burgos, dem blinden Seher, der ihnen das gesuchte Buch darreicht, sich selbst als Täter entlarvend.

Als die labyrinthische Selbstverteidigung der Bibliothek der menschlichen Neugier nicht mehr standhielt, mußten zusätzlich psychologisch wirksame Mittel der Verängstigung eingesetzt werden, und als selbst diese versagten, griff der Bibliothekar in der Überzeugung, er müsse die Bibliothek *mit Zähnen und Klauen*[23] verteidigen, zum raffiniert verdeckten Mord – und dies letztlich nur, um ein einziges Buch vor der Entdeckung zu schützen.

Bevor wir uns mit diesem Buch befassen, muß erst die geheime Triebfeder der unheimlichen Mordserie entdeckt werden. Hinter aller Psychologie steckt letztlich eine Ideologie. Oder sollte es umgekehrt sein?

Dem jungen Pater Benno von Uppsala erscheint es unsinnig, die Schätze einer Bibliothek wie Geheimnisse zu hüten, *statt sie den Forschern aus aller Welt zu öffnen,* eine Auffassung, die unserem aufgeklärten Verständnis von Wissenschaft entspricht, und Benno fordert, daß auch *ein forschender Mönch das Recht haben müsse, alle Schätze der Bibliothek zu kennen.*[24] Von den Mönchen, diesen Männern, *die zwischen Büchern leben, mit Büchern und von Büchern,*[25] sagt der Erzähler:

> Für diese den Schriften geweihten Mönche war die Bibliothek gleichzeitig das himmlische Jerusalem und ein verborgenes Reich an der Grenze zwischen Terra incognita und heidnischer Unterwelt. Sie wurden beherrscht von der Bibliothek, von ihren Verheißungen wie von ihren Verboten. Sie lebten mit ihr, für sie und vielleicht auch gegen sie, in der sündigen Hoffnung, eines Tages all ihre Geheimnisse lüften zu können. Warum sollten sie nicht den Tod riskieren, um ein Verlangen ihres wißbegierigen Geistes zu stillen, warum nicht schließlich auch töten, um zu verhindern, daß jemand sich eines ihrer kostbaren Geheimnisse bemächtigte?[26]

Eine sündige Hoffnung! *Hoffart des Geistes* nennt der fromme Erzähler *die Versuchung des Wissens und der Erkenntnis.*[27] Dagegen betrachtet William den Wissensdrang des jungen Büchernarren zunächst mit großer Sympathie, erkennt aber schließlich hellsichtig den verborgenen Antrieb dieses Strebens. Als sich Benno bereitwillig zum Gehilfen des blinden Bibliothekars machen läßt, um für sich selbst den Zugang zu den geheimen Quellen zu gewinnen, urteilt William:

> Benno ist einer großen Wollust zum Opfer gefallen ... Er frönt, wie viele Forscher es tun, der Lust am Wissen. Am Wissen um seiner selbst willen. Solange er zu einem Teil dieses Wissens keinen Zugang hatte, wollte er sich seiner fast um jeden Preis bemächtigen. Nun hat er sich seiner

bemächtigt ... Bennos Wissensdurst ist bloß eine unstill-
bare Neugier, Hoffart des Geistes, eine von mehreren
Arten für einen Mönch, die Gelüste seiner Lenden zu
stillen in verwandelter Form, oder auch die Glut, die
einen anderen zum Glaubenskämpfer macht, oder zum
Ketzer.[28]

Mit dieser freudianischen Diagnose scheint die Sache auf den
Punkt gebracht: Hinter dem Wissensdrang eines Benno von
Uppsala verbirgt sich als treibender Grund der Wille zur
Macht, wie er die neuzeitliche Wissenschaft von Anfang an
bestimmt hat. Es ist eine *sterile Lust*, weil sie in und um sich
selbst kreist, eine Lust, *die nichts mit der Liebe zu tun hat*.[29]
    Ganz anders und doch merkwürdig verwandt damit ist die
Einstellung des Jorge von Burgos, für den der angestrebte
Zweck selbst das Mittel des Mordes heiligt. Er sieht die
Aufgabe seines Ordens im Studium und in der Bewahrung
des Wissens, und Bewahrung heißt für ihn ausdrücklich
nicht: Erforschung des Wissens. Was gäbe es auch zu erforschen? *Es gibt keinen Fortschritt, es gibt keine epochale Revolution in der Geschichte des Wissens, es gibt nur fortdauernde und
erhabene Rekapitulation*.[30] Und er unterstreicht seine Auffassung mit der Berufung auf die göttliche Autorität der Bibel:

Ich bin, der ich bin, sagte der Gott der Juden. Ich bin der
Weg, die Wahrheit und das Leben, sagte unser Herr Jesus
Christus. Dies sind die Kernsätze, und das ganze Wissen
ist nichts anderes als das staunende Kommentieren dieser beiden ehernen Wahrheiten.[31]

Eine mittelalterliche Auffassung von Wissen und Wissenschaft, die längst überwunden zu sein scheint, und doch liegt
sie jedem Fundamentalismus, heute wie damals, zugrunde.
Um das Wohl der Menschen – ewiges oder zeitliches Heil –
sicherzustellen, schränken die *Vormünder, die die Oberauf-
sicht über sie gütigst auf sich genommen haben*[32], die Gesamt-
menge des Wißbaren – *ein geistiges Labyrinth* mit vielfältigen
Möglichkeiten der Verirrung – auf das Eindeutige und

Bekömmliche ein. Es ist gerade so, als würde ein künstlicher Irrgarten konstruiert, versehen mit einem raffinierten Instrumentarium der Abwehr und Einschüchterung, um den vermeintlich Gefährdeten das unabsehbar weitläufige Reich des Wissens zu versperren und Wahrheitsfindung nur nach dem Modell des klassischen Labyrinths zu garantieren: ein einziger Weg, kreuzungsfrei, nicht ohne Mühe zu gehen, doch zwangsläufig zum Ziel führend.

Im peripher gelegenen Irrgartenzentrum der Klosterbibliothek schickt sich Jorge von Burgos gerade an, das geheimnisvollste Buch der verbotenen Bücher aufzuessen, ja zu verschlingen, damit es nicht doch noch zur Kenntnis der Welt gelangt, obwohl es der Zeichendeuter William in Grundzügen schon rekonstruiert hat: das als verschollen geltende zweite Buch der Poetik des Aristoteles, des großen Philosophen Werk über die Komödie und das Lachen.

Nichts weiter? Man unterschätzt den Geist der Philosophie, vor allem wenn er sich in einem Werk der Ästhetik ausdrückt, das weiß Jorge nur zu gut. Mit jedem Werk des Aristoteles, das den frommen Gelehrten des Mittelalters bekannt geworden ist, glaubt er, ist ein Teil der Weisheit zerstört worden, *die in den Jahrhunderten von der Christenheit aufgehäuft worden ist.*[33] Was wäre aber erst zu erwarten, wenn das alltägliche, plebejische Lachen von der höchsten philosophischen Autorität des Abendlandes in den Rang einer Kunst erhoben würde? ... *zu einer neuen Kunst, die selbst dem Prometheus noch unbekannt war: zur Kunst der Vernichtung von Angst!* Erhellend fügt Jorge hinzu: *Und was wären wir sündigen Kreaturen dann ohne Angst, diese vielleicht wohltätigste und gnädigste aller Gaben Gottes?*[34] Für den greisen Bibliothekar käme die Offenbarung der Philosophie des Lachens dem Triumph des Satans gleich, dem Sieg *der dunklen Kräfte der körperlichen Materie,* und dagegen ist ihm jedes Mittel recht, auch die Vernichtung menschlichen Lebens. Entsetzt entgegnet William: *Du bist der Teufel! ... Man hat dich belogen, der Teufel ist nicht der Fürst der Materie, der Teufel ist die Anmaßung des Geistes, der Glaube ohne ein Lächeln, die Wahrheit, die niemals vom Zweifel erfaßt wird.*[35]

154

Und dann die Schlußszene im Aedificium: Jorge reißt die mürben Seiten des Buches in schmale Streifen und steckt sie sich in den Mund, und als William versucht, ihm das Buch zu entreißen, flieht er aus dem Raum ... Im Handgemenge schleudert er die Lampe zu Boden in einen Haufen Bücher, die lodernd in Flammen aufgehen, und nach ihnen die ganze wunderbare Bibliothek, der Stolz der Christenheit.

Das Interesse an Ecos Rosenroman hielt während der ganzen achtziger Jahre an, abzulesen an dessen Millionenauflage in aller Welt sowie an den nicht enden wollenden Rezensionen, Diskussionen und Interpretationen. Was der kluge Leser wenigstens geahnt hatte, wiesen schließlich die Fachleute in exakter Analyse nach: Ecos Mittelalter ist eine wundervolle Camouflage! Sein Arrangeur wurde als *ein intellektuelles Chamäleon* identifiziert, *wie sein Buch auch.*[36]

Ganz vordergründig: Hinter William von Baskerville schaut Sherlock Holmes hervor, aber nicht nur *der*, und sein Adlatus, Adson von Melk, ist fast zwangsläufig der nicht minder bekannte Dr. Watson. Und Jorge von Burgos, der blinde Bibliothekar? Kaum zu glauben, daß Ecos literarisches Vorbild, der blinde Bibliothekar JORGE LUIS BORGES aus Buenos Aires, für diese finstere Gestalt Pate gestanden hat! Und doch gelangen wir auf seiner Spur zum intellektuellen Zentrum des Klosterromans. Borges hat in einer seiner Labyrinth-Geschichten, »*Die Bibliothek von Babel*«[37], die Welt als Bücherlabyrinth geschildert:

> Das Universum (das andere die Bibliothek nennen) setzt sich aus einer unbegrenzten und vielleicht unendlichen Zahl sechseckiger Galerien zusammen, mit weiten Entlüftungsschächten in der Mitte, die mit sehr niedrigen Geländern eingefaßt sind. Von jedem Sechseck aus kann man die unteren und oberen Stockwerke sehen: ohne ein Ende ...[38]

In dieser *ungeheuer weiträumigen Bibliothek* verzeichnen die Regale *alle irgend möglichen Kombinationen der zwanzig und soviel orthographischen Zeichen (deren Zahl, wenn auch außeror-*

*dentlich groß, nicht unendlich ist), mithin alles, was sich aus-
drücken läßt: in sämtlichen Sprachen.*[39] Sie umfaßt die Totalität
alles Geschriebenen und Schreibbaren, aber *auf eine einzige
verständliche Bemerkung entfallen Meilen sinnloser Kakopho-
nien, sprachlichen Plunders, zusammenhanglosen Zeugs.*[40]

Im gewaltigen Universum der Bücher sind die *Menschen der
Bibliothek* unterwegs, um das einzigartige Buch zu finden,
das über die *Grundgeheimnisse der Menschheit* Aufschluß
gibt: *den Ursprung der Bibliothek und der Zeit.*[41] Daß es ein
Gott ist, der sie schuf, ist dem Erzähler evident:

> Der Mensch, der unvollkommene Bibliothekar, mag ein
> Werk des Zufalls oder böswilliger Demiurgen sein; das
> Universum, so elegant ausgestattet mit Regalen, mit rät-
> selhaften Bänden, mit unerschöpflichen Treppen für den
> wandernden und mit Latrinen für den seßhaften Biblio-
> thekar, kann nur das Werk eines Gottes sein.[42]

Die Vorstellung, daß es in irgendeinem Regal irgendeines
Sechsecks ein Buch geben müsse, *das Inbegriff und Auszug
aller ist,* führte unter den Menschen zu dem Aberglauben an
den *Mann des Buches,* einen Bibliothekar, der dieses Buch
geprüft habe und damit Gott ähnlich sei.[43] Daß es diesen
Erleuchteten gebe oder irgendwann einmal gegeben habe, ist
auch die unsichere Hoffnung des Erzählers am Ende eines
langen Wanderlebens durch das Labyrinth der *undurchdring-
lichen Bücher*[44], dieser Bücher von formloser und chaotischer
Beschaffenheit. Seine Nachdenkereien über das Wesen der
Bibliothek beschließt er mit den Worten:

> Ich bin so kühn, die folgende Lösung des alten Problems
> zu bedenken zu geben: *Die Bibliothek ist unbegrenzt und
> zyklisch.* Wenn ein ewiger Wanderer sie in irgendeiner
> beliebigen Richtung durchmäße, so würde er nach Jahr-
> hunderten feststellen, daß dieselben Bände in derselben
> Unordnung wiederkehren (die, wiederholt, eine Ordnung
> wäre: Die Ordnung). Meine Einsamkeit erfreut sich dieser
> eleganten Hoffnung.[45]

Die Bibliothek von Babel ist ein vertikaler Irrgarten, seine gleichsam horizontale Entsprechung finden wir in einer anderen Erzählung des Meisters: im *Garten der Pfade, die sich verzweigen*.[46] Dieser erweist sich im Laufe der Geschichte als das *Werk des schier unentwirrbaren Ts'ui Pen*[47], als ein chaotischer Roman, dessen Organisationsprinzip die Verzweigung in der Zeit ist, der aber das Rätselwort *Zeit* kein einziges Mal nennt. Für TS'UI PEN ist dieses Buch *ein zwar unvollständiges, aber kein falsches Bild des Weltganzen*[48]:

> Er glaubte an unendliche Zeitreihen, an ein wachsendes, schwindelerregendes Netz auseinander- und zueinanderstrebender und gleichgerichteter Zeiten. Dieses Webmuster aus Zeiten, die sich einander nähern, sich verzweigen, sich schneiden oder jahrhundertelang nicht voneinander wissen, umfaßt *alle* Möglichkeiten.[49]

Von JORGE LUIS BORGES führt ein direkter Weg zu dem Zeitgeist-Phänomen, das in den achtziger Jahren auch einer größeren Öffentlichkeit als *Postmoderne*[50] bekanntgeworden ist. In seinem Rosenroman hat Umberto Eco mit der Figur des William von Baskerville einen sympathischen Anwalt dieser Geisteshaltung geschaffen, eine literarische Verkörperung nicht nur des mittelalterlichen Philosophen William von Ockham, sondern auch der hellen Seite des exzentrischen Literaten Borges.

Im Prolog des Romans sagt Adson von William, seinem bewunderten Meister:

> Was ihn antrieb, war einzig sein nimmermüdes Streben nach Wahrheit, gepaart mit seinem steten und fortwährend von ihm selber genährten Verdacht, daß die Wahrheit nie das sei, was sie in einem gegebenen Augenblicke zu sein schien.[51]

Das ist eine klare Auskunft: Er hat sich nie zu der Auffassung verstiegen, der Mensch könne sich der Wahrheit wie eines Besitzes bemächtigen. Dennoch muß er sich am Ende, während das Labyrinth der Bibliothek von den Flammen für immer zerstört wird, eingestehen, daß selbst seine kritische Wahrheitssuche an der chaotischen Wirklichkeit gescheitert ist:

> Ich bin wie ein Besessener hinter einem Anschein von Ordnung hergelaufen, während ich doch hätte wissen müssen, daß es in der Welt keine Ordnung gibt.[52]

Der Spürsinn des detektivischen Zeichendeuters ist den labyrinthischen Verknüpfungen der Zeichen nicht gewachsen, so erfolgreich er auch im einzelnen gewesen ist.

Der mühsame Prozeß des mutmaßenden Erkennens vollzieht sich im Labyrinth der Romangeschehnisse anscheinend noch nach dem geläufigen *Modell des Trial-and-error-Verfahrens*[53], die Welt im ganzen jedoch, über die William im letzten Gespräch mit Adson nachdenkt, ist ein potenzierter Irrgarten, ein *Garten der Pfade, die sich verzweigen*, das *schwindelerregende Netz* des TS'UI PEN. Ein solches Netzwerk hat man mit der Metapher des Rhizoms gedeutet, als *ein Gewirr von Knollen und Knoten*[54]:

> Die Welt ist chaotisch geworden, aber das Buch bleibt Bild der Welt, Würzelchen-Chaosmos statt Wurzel-Kosmos.[55]

In der *Nachschrift* zu seinem Roman spricht Umberto Eco daher vom *Rhizom-Labyrinth*.

> Das Rhizom-Labyrinth ist so vieldimensional vernetzt, daß jeder Gang sich unmittelbar mit jedem anderen verbinden kann. Es hat weder ein Zentrum noch eine Peripherie, auch keinen Ausgang mehr, da es potentiell unendlich ist.[56]

Wer angesichts einer so gearteten Wirklichkeit den totalitären Anspruch erhebt, im Besitz der einzig richtigen und heilsamen Interpretation der Welt zu sein, muß in der mittelalterlichen Perspektive des William von Baskerville die Züge des Antichristen tragen:

> ... Der Antichrist entspringt eher aus der Frömmigkeit selbst, aus der fanatischen Liebe zu Gott oder zur Wahrheit, so wie der Häretiker aus dem Heiligen und der Besessene aus dem Seher entspringen. Fürchte die Wahrheitspropheten, Adson, und fürchte vor allem jene, die bereit sind, für die Wahrheit zu sterben ... Vielleicht gibt es am Ende nur eins zu tun, wenn man die Menschen liebt: sie über die Wahrheit zum Lachen bringen, *die Wahrheit zum Lachen bringen,* denn die einzige Wahrheit heißt: lernen, sich von der krankhaften Leidenschaft für die Wahrheit zu befreien.[57]

Ob damit das Wahrheitsproblem gelöst ist, steht dahin. Jedenfalls ist Bescheidenheit angesagt. Was schließlich bleibt, ist das, was der greise Adson Jahrzehnte später in den Trümmern der einst Staunen erweckenden Abtei, jenes *Spiegels der Welt,* gefunden und mühsam zusammengefügt hat – Bruchstücke, dürftige Überbleibsel der wunderbaren Bibliothek[58]:

> Am Ende meiner geduldigen Rekonstruktionsbemühungen zeichnete sich vor meinen Augen so etwas wie eine kleine Bibliothek als Zeichen jener verschwundenen großen ab, eine Bibliothek aus Schnipseln, Fragmenten, Zitaten, unvollendeten Sätzen, Ruinen und Torsi von Büchern.[59]

11
Gefängnis

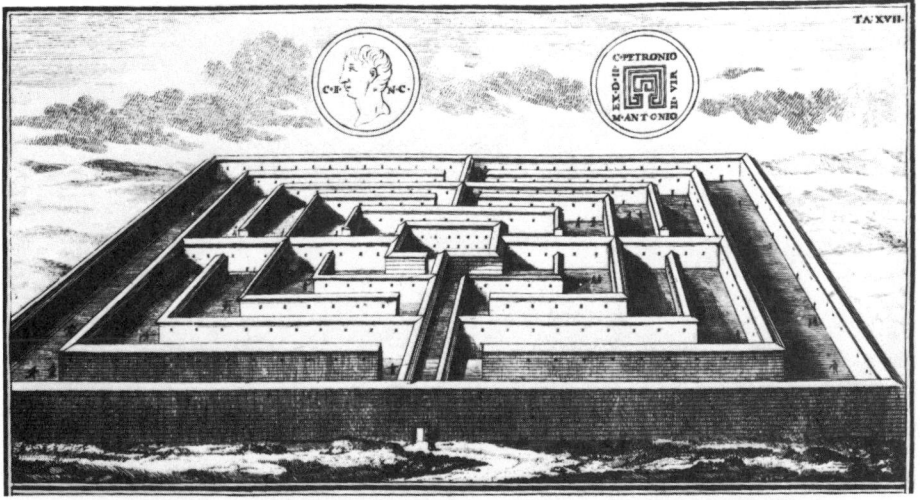

Rekonstruktion des kretischen Labyrinths als Gefängnis
Johann Bernhard Fischer von Erlach (1656–1723)

Das Labyrinth hat ein schief angebrachtes
und schwer zugängliches Tor:
Wieweit du zu laufen hast,
wenn du von außen nach innen eilen willst,
soweit führt es dich wieder
durch die enggewundenen Irrbahnen
von innen zur Tiefe des Ausgangs;
mit seinen Wegen nach außen verhext es dich Tag für Tag
und spottend treibt es mit den Windungen
der eitlen Hoffnung sein Spiel mit dir
wie ein Traum mit seinen leeren Gesichten,
bis der Regisseur Chronos zerfließt
und, ach, der Dunkelschaffer Tod dich empfängt
und dir keine Möglichkeit mehr gibt zum Ausgang zu gelangen.

Aus einem mittelalterlichen Labyrinth-Gedicht

Von der *»postmodernen Moderne«* zur *»katastrophalen Moderne«*[1] ist der Weg nicht weit. Im Umkreis des Orwellschen Schreckensjahres 1984 kulminierte die Krisenstimmung, die sich seit dem miserablen Ende des optimistischen Aufbruchs der sechziger Jahre angebahnt hatte.

Die Apokalypse steht ins Haus. Wir Untiere wissen es längst, und wir wissen es alle. Hinter dem Parteiengezänk, den Auf- und Abrüstungsdebatten, den Militärparaden und Anti-Kriegsmärschen, hinter der Fassade des Friedenswillens und der endlosen Waffenstillstände gibt es eine heimliche Übereinkunft, ein unausgesprochenes großes Einverständnis: daß wir ein Ende machen müssen mit uns und unseresgleichen, so bald und so gründlich wie möglich – ohne Pardon, ohne Skrupel und ohne Überlebende.[2]

So ließ sich ULRICH HORSTMANN in seinem pünktlich abgelieferten Manifest einer *Philosophie der Menschenflucht* vernehmen, dem »Untier« gewidmet, das es nicht verdient, »Mensch« genannt zu werden.

Barocke VANITAS-Stimmung (Alles ist eitel!) feierte galgen-
fröhliche Urständ, und als ob es dafür in Deutschland einer
besonderen Bestätigung bedurft hätte, erschien ROBERT BUR-
TONS »*Anatomie der Melancholie*« aus dem Jahre 1621 zum
ersten Mal in deutscher Übersetzung, vorgelegt von dem
genannten Befürworter des *anthropofugalen* Denkens.

Der neu formulierte Untertitel des alten Buches verrät,
worauf man sich einzustellen hat: *Über die Allgegenwart der
Schwermut, ihre Ursachen und Symptome sowie die Kunst, es
mit ihr auszuhalten.* Und so lesen wir:

> Ein streitsüchtiges, mißmutiges, unordentliches, melan-
> cholisches und elendes Leben führen wir; und könnten
> wir das Kommende vorhersehen und hätten wir die
> Wahl, so würden wir diese leidvolle Existenz eher zurück-
> weisen, als sie zu akzeptieren. Kurz und gut, die Welt
> selbst ist ein Irrgarten, ein Labyrinth der Irrtümer, eine
> Wüste, Wildnis und Räuberhöhle, übersät mit dreckigen
> Tümpeln und schrecklichen Felsen, voll von Abgründen,
> ein schweres Joch, ein Ozean der Not, in dem Gebrechen
> und Unheil übereinanderschwappen oder sich wie Wel-
> len jagen.[3]

Das alte Lied wird aufs neue angestimmt, aber die späte
Moderne entwickelt zur bekannten Melodie ihre eigenen
Variationen, und das schon einige Zeit vor dem ominösen
Jahr 1984.

Statt Wüste und Wildnis hatten schon Comenius und Gracián *die große Stadt* als Deutung des Labyrinthischen bevor-
zugt, und dieses *Babel an Wirrwarr*[4] geriet auch jetzt nicht in
Vergessenheit: MICHEL BUTORS Roman »*Der Zeitplan*« aus
dem Jahre 1956 beweist es.[5] Aber zeittypisch ist diese Vorstellung nicht, vielmehr verengt sich das Labyrinth wieder in
seine ursprünglich dädalische Form, es konzentriert sich in
einem Bau; ob nun über der Erde oder in ihrer Tiefe, das
scheint zunächst nicht wesentlich.

Während sich die philosophisch ambitionierten Wahrheits-
sucher, den literarischen Spuren von Jorge Luis Borges fol-

gend, in labyrinthischen Bibliotheken ergehen, verschanzen sich die pragmatischen Vertreter der gar nicht mehr fröhlichen Wissenschaft eher in völlig unlabyrinthisch scheinenden Gebäuden, beispielsweise in einer *bequemen, wenn auch verlotterten Villa des privaten Sanatoriums »Les Cerisiers«*, dem Schauplatz der Komödie *»Die Physiker«* von FRIEDRICH DÜRRENMATT, einem Institut, das sich als Irrenhaus entpuppt, schlimmer noch: als streng bewachtes Gefängnis, aus dem es kein Entrinnen gibt.[6]

Bibliotheken und Irrenhäuser baut man sinnvollerweise auf der Erdoberfläche, selbst wenn es aus ihnen kein Entrinnen geben soll, ein Labyrinth aber, das total ausweglos ist, ein potenziertes Gefängnis, ist logischerweise in der Unterwelt angesiedelt.

MARIE LUISE KASCHNITZ stellte sich eine solch unentrinnbare Höhlenwelt vor, als sie 1955 ein Spiel konzipierte, *das die Abenteuer des Theseus im Labyrinth zum Gegenstand hat*[7]: Von einer Reisegesellschaft, die ein unterirdisches Labyrinth besichtigt, sondert sich ein junges Ehepaar ab, das visionär die untergründige Wirklichkeit der modernen Welt *in Gestalt eines gigantischen Lunaparks* erlebt:

> Das moderne Labyrinth ist ein Pandämonium von Geräuschen, die nur eine Steigerung des modernen Verkehrs, der Fabrikarbeit und der Kriegswaffen sind. Es gibt in dem auf die Höhe der Zeit gebrachten Labyrinth eine Autobahn, auf der wirkliches Blut fließt, eine Schießbude, in der auf lebende Menschen geschossen wird, ein Monstrum, das in der Gestalt eines bescheidenen Bankbeamten erscheint. Theseus erfährt den Rausch der Übergeschwindigkeit, die Verführung des Lasters und die Versuchung zu töten.[8]

Der Lust an Vernichtung und Untergang ist Ariadne in der Vergangenheit mit Erfolg entgegengetreten:

> Das Mädchen Ariadne, das im Laufe der Jahrtausende immer neue junge Männer aus den Verirrungen ihrer

165

Jugend herausgeführt hat und von diesen immer wieder zurückgelassen worden ist, ist auch jetzt wieder da und von alter Zuversicht und Hoffnung erfüllt. Aber bei dem neuen Theseus verfängt die uralte Verführung nicht. Er will kein Glück, will auch nicht heimkehren, sondern das Labyrinth, das er als eine radikale Steigerung des wirklichen Lebens empfindet, bis zum Ende auskosten. Er glaubt nicht an die Liebe als Erlösungsmacht und ist der Natur fremd.[9]

Die höchste Steigerung der Lebenslust wäre es, *den Hebel der vollkommenen Vernichtung in Bewegung zu setzen.* Aber bevor Theseus dies tun kann, *beginnt sich der Hebel ganz von selber zu rühren.*[10] Es bleibt offen, *ob er die Vernichtung herbeiführt oder ob seine geheimnisvolle Kraft nur das Heillose des Labyrinthes zerstört und den Menschen zu einem neuen, sinnvolleren Dasein verhilft.*[11]
Die Situation des Gefangenseins erscheint verdoppelt: Theseus ist eingeschlossen in einem Bewußtsein, das im Rausch des Fortschritts die höchste Steigerung des Lebens erfährt, gleichgültig, ob im Himmel oder in der Hölle auf Erden.[12] Andererseits ist der Weltprozeß subjektiven Ansprüchen und Einsprüchen gar nicht mehr zugänglich: Der Fortschritt, so verhängnisvoll er auch sein mag, hat sich selbständig gemacht, die Zukunft ist *zur festgefügten Fortsetzung sogenannter Sachzwänge* entartet, *zu einem »Gehäuse der Hörigkeit« (Max Weber)*[13]. Der Hebel rührt sich von selbst, menschliches Handeln scheint überflüssig. Wie sollte Ariadne da noch eingreifen? Daß sie solidarisch dem Schicksal des Theseus folgen sollte, wie es der Entwurf vorsieht, hat wohl auch die Dichterin letztlich nicht gewollt. Jedenfalls ist ihr Plan keine literarische Realität geworden.
Nicht viel anders schien es einem Unternehmen FRIEDRICH DÜRRENMATTS zu ergehen, einem *Stoff ohne Handlung*, von dem der Autor sagt, dieser sei ihm *eigentlich ein endloser Alptraum* gewesen.[14] Es ist die ungeschriebene Geschichte »aus den Papieren eines Wärters«, hervorgegangen aus Erfahrungen und Einsichten im Zweiten Weltkrieg, verdichtet zu

166

Friedrich Dürrenmatt: Labyrinth III. 1975

dem Gleichnis einer *Welt der Sinnlosigkeit,* dem Bild des *Weltlabyrinths*[15]. In den Jahren der Nachkriegszeit als Fragment liegengeblieben, wurde die Erzählung im Schatten apokalyptischer Stimmungen zu Ende gebracht: *»Der Winterkrieg in Tibet«*[16].

Unbeholfen, aber für jeden einsichtig bestimmt der Erzähler seine Aufgabe in der Welt nach dem Dritten Weltkrieg:

> Ich bin Söldner und stolz darauf, es zu sein. Ich kämpfe gegen den Feind, nicht nur im Namen der Verwaltung, sondern auch als ein – wenn auch bescheidenes – Vollzugsorgan ihrer Aufgabe, das heißt jenes Teils ihrer Aufgabe, der sie zwingt, gegen die Feinde zu kämpfen, denn sie ist nicht nur da, dem Bürger zu helfen, sondern ihn auch zu beschützen. Ich kämpfe im Winterkrieg in Tibet.[17]

Die Erdoberfläche ist verwüstet, das Leben im alten Europa fast gänzlich ausgerottet. Der Kampf im Namen der Verwaltung aber geht unterirdisch weiter: in einem Labyrinth von Gängen und Schächten, *die miteinander in Verbindung stehen und in den gewaltigen Massiven ein unübersichtliches Geäder bilden, so daß auch in ihnen die feindlichen Parteien unvermutet aufeinanderstoßen und sich niedermachen.*[18]

Dürrenmatts Theseus[19] kämpft mit einem unbekannten Minotauros:

> Die Frage nach dem Feind darf ein Söldner nicht aufkommen lassen, aus dem einfachen Grund, weil sie ihn umbringt. Stellt er den Feind in Frage – und sei es auch nur im Unbewußten –, kann er nicht kämpfen … Ihn interessiert nicht, wer der Feind ist, ihn interessiert, wofür er kämpft und wer befiehlt.[20]

Das klingt zackig, wie es sich für einen Soldaten gehört. Aber hinter dieser überzeugenden Stimme verbirgt sich ein Theseus, wie er noch keinem begegnet ist:

168

Ohne Beine sitze ich in einem Rollstuhl in der alten Höhle, auch meine Hände sind weg, mein linker Arm geht unmittelbar in eine Maschinenpistole über. Ich feuere auf jeden, der sich blicken läßt, die Stollen sind mit Leichen übersät; zum Glück gibt es Ratten. Meine rechte Hand ist ein vielseitiges Instrumentarium: Zangen, Hammer, Schraubenzieher, Scheren, Griffel usw., alles aus Stahl.[21]

Inzwischen ist es im Labyrinth glücklicherweise still geworden. Kampfpause? Die Zeit der Muße nützt Theseus, seine Gedanken in die Felswände zu ritzen, die Wände der Höhle mit Inschriften zu bedecken, die *nichts anderes* bezwecken, *als das Wesen der Verwaltung darzustellen – wobei Verwalter und Verwaltete nicht mehr unterschieden werden können.*[22]

Wie lange er schon diese unterirdische Existenz führt, weiß er nicht, aber er ahnt, daß er weit und breit *der einzige Verteidiger der Verwaltung* ist[23]. Als er eines Tages einem Lichtschein folgt, entdeckt er eine Ausstellungshalle, in der Wachsfiguren Szenen aus dem Winterkrieg darstellen. Die vermeintliche Wirklichkeit ist Legende geworden, eine Attraktion für Touristen. Erschreckt und verwirrt sucht er für sich einen neuen Unterschlupf, gerät mit einem unheimlichen Doppelgänger aneinander und stürzt in einen Schacht:

Ich befinde mich offenbar in einer Höhle. Ich spüre, daß mein Gesicht eine blutige Masse ist. Der Boden ist Geröll. Ich schleppe mich mühsam der Höhlenwand entlang, die Höhle muß unermeßlich sein. Manchmal ist die Zugluft eisig, manchmal herrscht unerträgliche Hitze: Wahrscheinlich liegen in der Nähe die gewaltigen Werkstätten, wo die Waffen hergestellt werden; ob die unsrigen oder die des Feindes, weiß ich nicht. Meine Lage ist hoffnungslos. Jetzt nur noch auf mich angewiesen, der Wand der ungeheuren Höhle nachkriechend, die oft die seltsamsten Windungen macht, darf ich mir aber die Frage stellen, die ich mir während des Kämpfens nie gestattet

169

habe: Wer ist der Feind? Die Frage vermag mich nicht mehr zu lähmen, und auch die Antwort nicht. Ich habe nichts mehr zu verlieren. Das ist meine Stärke. Ich bin unüberwindlich geworden. Ich habe das Rätsel des Winterkrieges gelöst ...[24]

Theseus und Minotauros sind eins geworden, der eine der Spiegel des anderen. Oder mit den Worten des Söldners: *Das Ziel des Menschen ist, sich Feind zu sein – der Mensch und seine Schatten sind eins. Wer diese Wahrheit begreift, dem fällt die Welt zu, der gibt der Verwaltung den Sinn zurück.*[25]

Die Gestalt des Minotauros hatte Dürrenmatt schon vor Vollendung des ersten Teils seiner »Stoffe« in Tusche-Bildern beschäftigt. In seinen Anmerkungen dazu schrieb er:

> Zum Labyrinth gehört der *Minotaurus*. Dieser ist die Ungestalt, als solche ist er das Bild des Einzelnen, des Vereinzelten. Der Einzelne steht einer Welt gegenüber, die für ihn undurchschaubar ist: Das Labyrinth ist die Welt vom Minotaurus aus gesehen. Die *Minotaurus*-Blätter zeigen denn auch den Minotaurus ohne die Erfahrung des Anderen, des Du. Er versteht nur zu vergewaltigen und zu töten. Er stirbt nicht durch Theseus, er verendet wie ein Stück Vieh.[26]

Diese Charakterisierung trifft genau zu auf die Figur des Söldners im *Winterkrieg*, auf den Theseus, der sich als Minotauros erkennen muß. Eine Variation dazu gibt 1985 die Erzählung »*Minotaurus. Eine Ballade*«, ausgestattet mit Zeichnungen des Dichters.[27]

Im labyrinthischen Spiegelkabinett – Erinnerung an Leonardos Erfindung! – kauert das ungestalte Wesen nicht nur seinem Spiegelbild gegenüber, sondern auch den Spiegelbildern seiner Spiegelbilder:

> Es befand sich in einer Welt voll kauernder Wesen, ohne zu wissen, daß es selber das Wesen war.[28]

170

Friedrich Dürrenmatt: Illustration aus »Minotaurus«

Kindlich experimentierend mit seinen Ebenbildern glaubt es schließlich, einer unter vielen zu sein – *es tanzte wie ein Kind, es tanzte wie ein monströser Vater seiner selbst . . .*[29]
Erst als andere Wesen – die ihm bestimmten Opfer – auftauchen, Wesen, die nicht tanzen, begreift Minotauros, daß es noch etwas anderes als Minotauren gibt. Ein Mädchen entdeckt er als erstes. Spielend nimmt er es, vergewaltigend, und tötet es ungewollt. Die anderen zerfetzt er voller Haß, als einer der jungen Männer ihn verwundet. Haßerfüllt wendet er sich auch gegen sein eigenes Spiegelbild, zertrümmert die Glaswände, um es zu vernichten, und nur allmählich geht ihm auf, daß er es selbst ist, den er angreift.

Er versuchte zu flüchten, doch wohin er sich auch wandte, stets stand er sich selbst gegenüber, er war eingemauert von sich selber, überall war er selber, endlos war er selber, vom Labyrinth ins Unendliche widergespiegelt. Er spürte, daß es nicht viele Minotauren gab, sondern nur einen Minotaurus, daß es nur ein Wesen gab, wie er eines war, ein anderes nicht vor ihm und ein anderes nicht nach ihm, daß er der Vereinzelte war, der zugleich Aus- und Eingeschlossene ...[30]

Als er am nächsten Morgen erwacht, sieht er sich überrascht einem anderen Minotauros gegenüber, nicht seinem Spiegelbild, sondern dem unbewußt ersehnten Anderen. Vor Freude schreit er auf –

... vor Freude darüber, daß er nicht mehr der Vereinzelte war, der zugleich Aus- und Eingeschlossene, daß es einen zweiten Minotaurus gab, nicht nur sein Ich, sondern auch ein Du.[31]

Als er in die geöffneten Arme des anderen stürzt, *im Vertrauen darauf, einen Freund gefunden zu haben*[32], stößt der andere zu: Theseus hat ihn in der Maske des Stiermenschen überlistet. In einem seiner letzten Interviews gab Dürrenmatt das erschreckende Resümee:

Minotaurus kann nur durch dieses große Trugbild des Minotaurus getötet werden, eben durch Theseus, der die Maske trägt und den Minotaurus täuscht. Der Einzelne findet seinen Freund im andern, der so aussieht wie er selbst. Und indem er ihn zum Freund macht, findet er seinen Tod.[33]

Eine verwirrende Auskunft: Ist es eine prinzipielle Aussage über den Menschen, der für den Menschen ein Wolf ist – das Gesetz, das der *Verwaltung* zugrunde liegt[34] –, oder aber eine poetisch verschlüsselte Diagnose der modernen Industriegesellschaft?
Soziologen wie ULRICH BECK bevorzugen die empirische Alternative: Sie sprechen von *Individualisierung* und definie-

172

ren sie dreifach als *Freisetzung* von traditionellen Herrschafts-
und Versorgungszusammenhängen, als *Verlust von traditio-
nalen Sicherheiten*, der einer Entzauberung des Bewußtseins
gleichkommt, und schließlich – scheinbar paradox – als *neue
Art der sozialen Einbindung*, die sich in der Standardisierung
des Lebens der freigesetzten Individuen bekundet.[35] Das
Ergebnis dieses Prozesses ist ein *individualisiertes Massen-
publikum* oder *das standardisierte Kollektivdasein der verein-
zelten Massen-Eremiten*[36], ein widersprüchliches Phänomen,
das GÜNTHER ANDERS gerade umgekehrt als »Antiquiertheit
des Individuums«[37] reflektiert hat.

Was in Nordamerika schon einige Zeit gang und gäbe ist,
trifft mit der fast sprichwörtlichen Verzögerung auf dem
europäischen Kontinent ein, auch dies: *eine Gesellschaft
wachsender Sprachlosigkeit, zunehmender Vereinsamung und
Beziehungslosigkeit*, in der die Menschen nirgendwo allein
sind, *weil sie über ihre verkabelten Wohnräume und ihre me-
dienelektronisch vernetzten Arbeitsplätze immer »in der Masse«
und »wie eine Masse« leben*.[38] Darüber hinaus wird das Leben
der von alten Bindungen und Sicherheiten freigesetzten Individuen zunehmend bestimmt durch ein neues *System von
Betreuungs-, Verwaltungs- und Politik-Institutionen*[39], so daß
sich Privates und Politisches äußerst problematisch mischen
und überschneiden. *In gewisser Weise*, meint Ulrich Beck,
*entstehen kleine pauschale Kafkas, in der Art von Kafkas Figu-
ren: banale Realromanfiguren, die sich in Paradoxien zu bewegen wissen wie die Fische im Wasser*.[40]

Minotauros im Labyrinth: Ist er der zur mythologischen
Figur stilisierte Single, eingeschlossen im Spiegelkabinett seiner Selbstverwirklichung, versorgt von einer fürsorglichen
»Verwaltung« mit immer frischen Mitteln des Konsums, dem
es nicht gelingt, aus seinem Gefängnis zu entkommen, weil
die Falle perfekt geworden ist? Ich bin mir nicht sicher. Sollte
Dürrenmatt bei alledem nicht FRANZ KAFKA im Sinn gehabt
haben, den »Dichter des Labyrinths«[41], den unfreiwilli-
gen Propheten unseres neurotischen Jahrhunderts, von dem
sich auch unser soziologischer Gewährsmann hat inspirieren
lassen?

Eine der letzten Erzählungen Kafkas, geschrieben am Ende des Jahres 1923, ist ein einzigartiges Dokument des Labyrinthischen: »*Der Bau*«[42], Bild seines eigenen Lebens und – Vision der Gesellschaft unserer Tage. Auch hier ist Minotauros allein, aber er spricht zu uns:

Ich habe den Bau eingerichtet und er scheint wohlgelungen. ... er ist so gesichert, wie eben überhaupt auf der Welt etwas gesichert werden kann ... Schön ist es für das nahende Alter, einen solchen Bau zu haben, sich unter Dach gebracht zu haben, wenn der Herbst beginnt ... Alle hundert Meter habe ich die Gänge zu kleinen runden Plätzen erweitert, dort kann ich mich bequem zusammenrollen, mich an mir wärmen und ruhen. Dort schlafe ich den süßen Schlaf des Friedens, des beruhigten Verlangens, des erreichten Zieles des Hausbesitzes.[43]

Das Tier, einem Dachs ähnlich, ist *alleiniger Herr über eine Vielzahl von Gängen und Plätzen* in einem unterirdischen Bau, der zu seiner Sicherung ein *Eingangslabyrinth* besitzt, *ein volles kleines Zickzackwerk von Gängen*[44], aber als Ganzes ein potenziertes Labyrinth darstellt. Nicht ganz in der Mitte liegt der Hauptplatz, den es stolz den *Burgplatz* nennt:

Auf diesem Burgplatz sammle ich meine Vorräte, alles, was ich über meine augenblicklichen Bedürfnisse hinaus innerhalb des Baus erjage, und alles, was ich von meinen Jagden außer dem Hause mitbringe, häufe ich hier auf. Der Platz ist so groß, daß ihn Vorräte für ein halbes Jahr nicht füllen. Infolgedessen kann ich sie wohl ausbreiten, zwischen ihnen herumgehen, mit ihnen spielen, mich an der Menge und an den verschiedenen Gerüchen freuen und immer einen genauen Überblick über das Vorhandene haben. Ich kann dann auch immer Neuordnungen vornehmen und, entsprechend der Jahreszeit, die nötigen Vorausberechnungen und Jagdpläne machen.[45]

Der kafkasche Minotauros hat allen Grund, zufrieden zu sein: *Dein Haus ist geschützt, in sich abgeschlossen. Du lebst in Frieden, warm, gut genährt* . . .[46] Und doch ist er zutiefst beunruhigt. In seinem Kopf breitet sich mehr und mehr ein Gedankenlabyrinth aus, setzt sich fest, unausrottbar:

> Ich lebe im Innersten meines Hauses in Frieden und inzwischen bohrt sich langsam und still der Gegner von irgendwoher an mich heran. . . . Und es sind nicht nur die äußeren Feinde, die mich bedrohen. Es gibt auch solche im Innern der Erde.[47]

Seit diese Befürchtung in ihm erwacht ist, hat er *kaum eine völlig ruhige Minute.* Zwar hat er die vermuteten Feinde noch nie gesehen, aber es gibt Sagen, die von ihnen erzählen. Und so ist er voller Sorge ständig bemüht, die Verteidigungsmaß-nahmen zu vervollkommnen und die Vorräte durch Umver-teilung auf Nebenvorratsplätze zu sichern. Das Eingangslaby-rinth entspricht nicht mehr seinem erhöhten Sicherheitsbe-dürfnis:

> Und wenn ein großer Angriff kommen sollte, welcher Grundriß des Eingangs könnte mich retten? Der Eingang kann täuschen, ablenken, den Angreifer quälen, das tut auch dieser zur Not. Aber einem wirklich großen Angriff muß ich gleich mit allen Mitteln des Gesamtbaues und mit allen Kräften des Körpers und der Seele zu begegnen suchen – das ist selbstverständlich.[48]

Das Tier sehnt sich zurück nach den glücklichen Zeiten, als es noch glauben konnte, die Macht des Baues habe es *aus dem bisherigen Vernichtungskampf*[49] herausgehoben. Es wird ihm klar, daß dieser *nicht nur ein Rettungsloch* ist, sondern eine *Burg, die auf keine Weise jemandem anderen angehören kann*[50], ein Besitz, der ihm so sehr angehört, daß er mit den Gängen und Plätzen eins ist: *Ihr gehört zu mir, ich zu euch, verbunden sind wir* . . .[51] Kein Zweifel: Wenn es zum Letzten käme, würde es mit ihnen zugrunde gehen!

175

Aber es kommt nicht dazu: Die Erzählung, angeblich schon einmal zu Ende geführt[52], ist Fragment geblieben. Das Ende offen? Die ängstliche Besorgnis steigert sich mehr und mehr. Das Tier lauscht in die Stille seines Baues hinein, um dem Feind auf die Spur zu kommen. Jedes Geräusch steigert seine Angst. Schließlich hört es *ein leichtes Zischen, in langen Pausen nur hörbar, ein Nichts, an das man sich, ich will nicht sagen, gewöhnen könnte . . .*[53] Alle Versuche, sich zu beruhigen, schlagen fehl:

> . . . die Einbildungskraft will nicht stillstehen und ich halte tatsächlich dabei zu glauben – es ist zwecklos, sich das selbst abzuleugnen –, das Zischen stamme von einem Tier und zwar nicht von vielen und kleinen, sondern von einem einzigen großen.[54]

Verhängnisvoll identifiziert mit der Bequemlichkeit des ihm eigentümlichen Baues, eingeschlossen in das Gefängnis seiner Angst, sieht Minotauros einer ungewissen Zukunft entgegen.

12
Daidalos und Ikaros

Daidalos und Ikaros fliehen aus dem Labyrinth
Compiegne: Kalkstein-Relief eines unbekannten Künstlers
(wahrscheinlich 17. Jh.)

Nun gibt es meiner Meinung nach keinen Kerker,
der einem hartnäckigen Fluchtwillen standhält,
keine Schranke, keinen Graben,
den Kühnheit und Entschlossenheit nicht überschreiten.

André Gide, Theseus

Dem Kerker entfliehen!

Die athenisch inspirierte Geschichte vom kretischen Labyrinth endet nicht mit dem Tod des Minotauros und der
Entführung der Prinzessin Ariadne. Zurück bleibt Minos, der
besiegte König, verraten und gedemütigt. Er sinnt auf Rache,
und sein Zorn trifft den Urheber allen Mißgeschicks: Daidalos.

Daß der Emigrant aus Athen nicht nur der Retter in der Not
gewesen war, als Pasiphaë die entsetzliche Mißgeburt zur
Welt brachte, sondern maßgeblich an ihrem Zustandekom-
men beteiligt war – das erfuhr Minos allzu spät. Oder sollte er
es bislang nur verdrängt haben? Jedenfalls war Daidalos nicht
nur der geniale Architekt des Labyrinthos, sondern auch der
verdammte Konstrukteur der fatalen Liebesmaschine, der
prothetischen Kuh. Und dafür sollte er büßen! Von einer
Bestrafung Pasiphaës war nicht die Rede, aber von einer
zusätzlichen Sippenhaft für den männlichen Gehilfen: Auch
IKAROS, des Daidalos Sohn aus seiner Verbindung mit NAU-
KRATE, einer der Sklavinnen am königlichen Hof, war demnach festzusetzen, zusammen mit dem Vater zu internieren,
und zwar – Ironie des Schicksals – im Labyrinthos, dem
gerade funktionslos gewordenen Staatsgefängnis. Da saßen

179

sie nun, bewacht von den Mannschaften des minoischen Staatssicherheitsdienstes, oder sie durchwanderten – ohne einen orientierenden Faden – die endlosen Gänge, kreuz und quer, stockwerktief hinunter und wieder hinauf. Es wird erzählt, daß Pasiphaë heimlich ihre Verbindungen spielen ließ und die Befreiung der Gefangenen bewirkte, aber faszinierender ist die Geschichte, nach der Daidalos seine Befreiung aus dem Labyrinthos selbst besorgte, indem er zum letzten Mal seine Erfindungsgabe triumphieren ließ.

Der Labyrinthos war keine total geschlossene Anlage, wie man vermuten könnte, sondern nach oben offen. Bei seiner Konstruktion war Daidalos davon ausgegangen, daß es den Menschen nicht vergönnt ist, sich wie die Vögel oder gar die Götter in die luftige Höhe zu erheben. Die Horizontale ist das dem Menschen Gemäße, nicht die Vertikale. Als sich Daidalos daran machte, die technischen Mittel für die Flucht nach oben zu konstruieren, wurde er nicht nur zum Ahnherrn der modernen Luftfahrt, sondern auch zum Rebell gegen die beschränkten Daseinsbedingungen des Menschen, gegen die bloß horizontale Dimension des Lebens. Federn aller Art, große und kleine, benötigte er für sein grandioses Unternehmen, und da mögen ihm – denke ich – Pasiphaës Freunde geholfen haben. Die großen Federn verband er mit Fäden, die kleinen mit Wachs zu zwei kunstvollen Flügelpaaren, eines für Ikaros, das andere für sich selbst.

Als die Stunde der Befreiung gekommen war – die Probeflüge waren günstig verlaufen –, ermahnte der Vater eindringlich, mit Tränen in den Augen, den geliebten Sohn:

> Sei gewarnt, mein Sohn! Fliege nicht zu hoch, damit die Sonne nicht das Wachs schmelze, noch lasse dich zu tief herab, damit die Federn nicht vom Meer benetzt werden![1]

Mit den Flügeln auf dem Rücken setzten sie zum Start an, und während sie den labyrinthischen Kerker hinter sich ließen, mahnte der Vater noch einmal in ängstlicher Sorge, indem er rief: *Folge mir dicht nach, und ändere die Richtung nicht!* Flügelschlagend bewegten sie sich nach Nordosten. Fischer,

Schafhirten und Bauern schauten ihnen erstaunt nach, voll frommen Schauders vor den vermeintlich göttlichen Wesen.

Zunächst verlief alles programmgemäß. Doch dann – sie hatten Naxos, Delos und Paros gerade hinter sich gelassen – verweigerte Ikaros die Gefolgschaft und flog, voller Freude über die Kraft seiner Flügel, höher und höher, der Sonne entgegen. Als Daidalos über seine Schultern zurückblickte, war Ikaros verschwunden. Die Katastrophe hat Ovid in seinen »*Metamorphosen*« bewegend geschildert:

> Die Nähe der zehrenden Sonne macht das duftende Wachs, die Fesseln der Feder, weich. Hingeschmolzen war das Wachs; er rudert mit den nackten Armen, bekommt ohne Flugwerk keine Luft mehr zu fassen, und der Mund, der noch den Namen des Vaters hinausschreit, wird vom blauen Wasser verschlungen ... Doch der unglückliche Vater, nun kein Vater mehr, rief: »Icarus! – Icarus«, rief er, »wo bist du, unter welchem Himmelsstrich soll ich dich suchen?«[2]

Als er schließlich die Federn in den Wogen erblickte, flog er hin und her, bis er den Leichnam des Sohnes gefunden hatte. Seine Künste verfluchend, trug er den Toten zu einer nahen Insel und begrub ihn hier.

Dies ist für Daidalos die Stunde der Wahrheit. Seine Gedanken schweifen zurück in seine Vaterstadt Athen. Damals war ihm, dem gefeierten Künstler und Ingenieur, ein junger Mensch wie Ikaros anvertraut gewesen: Talos, der Sohn seiner Schwester Polykaste. Der aufgeweckte Junge war ein gelehriger Schüler, und so kam es, daß er – gerade erst zwölf Jahre alt – den Meister an Geschicklichkeit übertraf: Säge, Töpferscheibe und Zirkel waren seine klugen Erfindungen. Daidalos gelang es noch einige Zeit, die Produkte seines Zöglings als die eigenen auszugeben, aber die athenische Öffentlichkeit ließ sich eben nicht für immer hinters Licht führen. Eine unerträgliche Eifersucht ergriff den erfolgsverwöhnten Mann. Eines Tages nahm er Talos mit auf das Dach des Tempels der Athene auf der Akropolis, angeblich, um mit ihm die weite Aussicht zu genießen, und stürzte den

181

Ahnungslosen in die Tiefe. Der Mord wurde entdeckt, aber Daidalos entzog sich dem Prozeß durch die Flucht nach Kreta. Alles, was er seitdem erdacht und erfunden hatte, war zum Unheil ausgeschlagen, zuletzt die so großartige Erfindung des menschlichen Fluges. Hatte ihn Ikaros übertreffen wollen, wie es Talos tatsächlich gelungen war? War es Protest, Übermut oder Sehnsucht gewesen, was ihm den Tod gebracht hatte? Gefühle hatten das kühl geplante, umsichtig organisierte Unternehmen der Befreiung zum Fiasko geraten lassen, falsche Gefühle! Kühnheit und Entschlossenheit überwinden jeden Kerker, wenn sie sachdienlich eingesetzt werden; alles, was darüber hinausschießt, ist vom Übel! Ikaros war – das wußte Daidalos – seit jeher ein Träumer gewesen; den Hang zur Mystik hatte ihm der Vater oft genug vorgeworfen. Kann man dem Labyrinth des Minos entkommen, wenn man das Labyrinth im eigenen Kopf hat, ein Labyrinth metaphysischer Gaukelbilder und utopischer Wunschvorstellungen: *Einbildungen, Visionen oder Spekulationen ohne Beständigkeit, Logik, Festigkeit?*[3] Man überlebt nur mit einem klaren Kopf! Aufstände gegen die väterliche Autorität und Aufschwünge zur Sonne sollte man sich für den Urlaub aufheben! Ja, das war es! Daidalos geriet zusehends wieder ins Gleichgewicht. Er mußte weitersehen!

Der einsam Gewordene schwang sich wieder in die Luft, flog westwärts weiter und landete in CUMAE unweit von Neapel, dort, wo sich die Erde auftut in der riesigen Grotte, dem Eingang zum HADES. An dieser Stätte weihte er seine Flügel dem Gott APOLLON und baute ihm einen Tempel mit goldenem Dach und goldenen Toren, die er mit erinnernden Bildern schmückte: auf dem einen Türflügel den Tod des ANDROGEOS, auf dem anderen das kretische Labyrinth und seine verhängnisvolle Geschichte. Aber seine künstlerische Kraft versagte, als er auch den Tod des Sohnes zu bannen versuchte:

> Auch dir war, Ikarus, ein Ehrenplatz
> In solchem Künstlerwerke zugedacht;
> Der Schmerz verbot es ihm: er hatte zweimal
> Die Hand gerührt, den Sturz in Gold zu bilden,
> Zweimal ließ sinken er die Vaterhand.[4]

Die nächste Station auf dem Weg des rastlosen Emigranten war KAMIKOS in Sizilien. König KOKALOS nahm ihn gastfreundlich auf, und auch hier machte er sich nützlich, indem er Gebäude errichtete und für die Töchter des Königs modische Schmuckstücke herstellte.

Inzwischen hatte sich Minos auf die Suche nach dem entflohenen Daidalos gemacht. Mit seiner Flotte reiste er von Stadt zu Stadt, und überall zeigte er ein Schneckenhaus mit der Ankündigung, eine große Belohnung erhalte derjenige, der einen Faden durch dessen Windungen zu ziehen verstehe. Als er in Kamikos angekommen war, reichte er auch seinem Kollegen Kokalos das besagte Gehäuse. Dieser versprach ihm die Lösung der Aufgabe, ging heimlich zu Daidalos und bat ihn um Rat. Ein ahnendes Lächeln spielte im Gesicht des alten Meisters. Er durchbohrte die Spitze des Schneckenhauses, band einen Seidenfaden an eine Ameise und ließ sie hineinkriechen. Indem er Honig an die Ränder der großen Öffnung strich, lockte er das Tier mit dem Faden durch den Spiralgang. Kokalos gab Minos das fadendurchzogene Gehäuse triumphierend zurück und forderte die Belohnung. Doch der entgegnete, nur Daidalos könne der Erfinder sein, und bestand auf der Auslieferung des Gesuchten. Vielleicht ging es auch etwas verbindlicher zu: Freundlich bat er Kokalos, ihm doch den alten Freund wieder zu überlassen. Bald war Einvernehmen erzielt; der Tag der Abreise sollte mit einem festlichen Mahl begangen werden. Doch die Töchter des Sizilianers erhoben Einspruch. Sie wollten auf die Erfindungskünste des geschätzten Meisters nicht verzichten und heckten deshalb einen furchtbaren Plan aus. Als Minos vor dem Abschiedsmahl ein Bad nahm, traten sie hinzu und bedienten ihn. Aber statt mit Wasser übergossen sie ihn mit siedendem Pech.

Andere wußten angeblich Genaueres: Daidalos habe durch das Dach des Badezimmers ein Rohr gezogen, durch das die Prinzessinnen kochendes Wasser ins Bad fließen ließen. Kokalos schließlich übergab den Kretern den Leichnam des Königs mit den schnöden Worten, Minos sei über einen Teppich gestolpert und in einen Kessel kochenden Wassers gestürzt. Ein schreckliches, schmachvolles Ende für den großen König! Das Gefolge des Minos jedoch bestattete den toten Herrscher mit großen Ehren in der Mitte des Tempels der APHRODITE zu Kamikos. Und Zeus ernannte seinen Sohn zu einem der drei Totenrichter in der Unterwelt.

Die Spuren des Daidalos verlieren sich im Dunkel der Mythen. Sollte er noch immer unterwegs sein: der ruhelose Emigrant und unheilbringende *Schöpfer sinnreicher Artifizialitäten, welcher seine Kunst selbst verflucht hatte?*[5]

Dem Kerker entfliehen, ohne in neue Kalamitäten zu geraten: Diese Aufgabe kann offensichtlich weder Daidalos noch Ikaros lösen. Der Vater rettet zwar sein Leben, aber um den Preis der Zukunft. Er setzt seine unverbesserliche Produktion kluger und zugleich heilloser Erfindungen aufs Geratewohl fort, komme, was da wolle. Was ihm fehlt, wird er auf seine alten Tage kaum noch lernen. Und Ikaros? Ist er vor dem Absturz zu bewahren, zum Leben zu befähigen?

Ganz unterschiedliche Meinungen haben sich da gebildet.[6] Auf der Schwelle der Neuzeit reimte SEBASTIAN BRANT in seinem *»Narrenschiff«*:

> Täglich sieht man der Narren Fall
> Und spottet ihrer überall.
> Sie sind verachtet bei den Klugen,
> Die selbst die Narrenkapp oft tragen ...
> Hätt Phaethon nicht den Wagen bestiegen,
> Wollt Ikarus so hoch nicht fliegen,
> Wären gefolgt den Vätern beide –
> Sie blieben verschont von Tod und Leide.[7]

Ikaros, ein Narr, weil er die Autorität des Vaters mißachtet, hat den Spott der Nachwelt verdient, falls er nicht in frommem Schauder mit dem Satan identifiziert wird, dessen Aufstand gegen Gott mit dem Sturz in die Hölle endet, wie wir es in JOHN MILTONS Epos *»Das verlorene Paradies«* lesen.[8]

Eine andere, modern zu nennende Ansicht des Ikaros-Schicksals hat der Maler PIETER BRUEGHEL gestaltet, in einem Gemälde, das erst 1912 entdeckt worden ist, als ob es die Jahrhunderte über darauf gewartet habe, zu Beginn des zwanzigsten seine pessimistische Botschaft auszusprechen: »*Land-schaft mit Ikarussturz*«[9].

Darin ignoriert die geschäftige Welt den Fall des jungen Himmelsstürmers völlig. Fischer, Schafhirten und Bauern schauen nicht erstaunt auf, um ein übermenschliches Schauspiel zu bewundern, wie einmal erzählt wurde, sondern bleiben mit den eigenen Angelegenheiten beschäftigt.

Pieter Bruegel, Landschaft mit Ikarussturz

Irritiert sucht der Betrachter des Bildes den Stürzenden. Ikaros scheint überhaupt nicht dazusein. Erst bei genauerem Hinsehen entdeckt er in der rechten unteren Ecke zwei Beine, die aus den Fluten des Meeres herausragen, darüber, schwebend in der Luft, ein paar Federn. Marie Luise Kaschnitz bemerkt dazu:

> Von dem Himmelssturz hat der gelehrte und vernünftige Brueghel nur den allerletzten Augenblick festgehalten, eben diese Beine, die lächerlich strampeln – so als habe er sich lustig machen wollen über das jämmerliche Ende eines Traums.[10]

185

Die ganze Resignation unseres Jahrhunderts angesichts jugendlicher Aufschwünge findet der amerikanische Lyriker WYSTAN HUGH AUDEN in diesem Bild wieder:

> Über Leiden waren sie niemals geteilter Meinung,
> die Alten Meister: Wie gut sie wußten,
> wie es für sich ist und einfach stattfindet,
> während irgendeiner ißt oder ein Fenster öffnet oder
> gerade vorbeigeht ...
> Brueghels *Ikarus* zum Beispiel: Wie alles sich
> müßig von dem Unheil abwendet; der Pflüger hörte wohl
> den Aufprall, den einsamen Schrei,
> aber für ihn stand nicht viel auf dem Spiel; die Sonne
> schien wie sie mußte auf die weißen Beine, die im grünen
> Wasser verschwanden;
> und das Prunkschiff, das freilich etwas Erstaunliches sah,
> einen Knaben, der vom Himmel fiel,
> hatte irgendwo anzukommen und nahm ruhig seinen
> Weg.[11]

Trotzdem: Wer anders als Ikaros könnte mit Erfolg aus dem Labyrinth entfliehen und die Zukunft gewinnen? Es genügt nicht, das Fliegen zu lernen. Die väterlichen Appelle an die Vernunft des Sohnes haben den verhängnisvollen Höhenflug nicht verhindert, ein schwächlicher Tiefflug wäre um nichts besser gewesen. Was fehlt Ikaros, dem Träger unserer Hoffnungen? Ganz gewiß der Sinn für die Realität! Aber sollten wir wünschen, daß er seinem Vater folge?

Dem aufmerksamen Leser der postlabyrinthischen Geschichte wird es nicht entgangen sein, daß hier die Männer unter sich sind. Von Pasiphaë haben sie sich emanzipiert, Naukrate, die Mutter des Ikaros, ist nichts als eine genealogische Erinnerung. Was aber wäre Theseus ohne Ariadne gewesen? Und was ist Ikaros ohne die hilfreiche Göttin, ohne *die menschliche Aphrodite?*

Nicht die abstrakten Appelle an die Vernunft, nicht die sich wiederholende Mahnung an moralische Verpflichtungen benötigt Ikaros, sondern die Kraft des Eros, die Schwingen der

Liebe, die ihn nicht ins Unendliche tragen, sondern in die Verantwortung für das Hier und das Jetzt und die Zukunft.

Ariadne Aphrodite, Göttin der Liebe und des Lebens, manifestiere dich aufs neue!

Postscriptum

Man sollte nicht noch zum Schluß pathetisch werden, vor allem sich nicht zu Stoßgebeten hinreißen lassen!

Das dicke Ende ließ nicht lange auf sich warten. Eine meiner Töchter hatte sich für Vaters Manuskript intensiver als erwartet interessiert und war auf den letzten beschwörenden Imperativ gestoßen: »Wer ist denn diese *Ariadne Aphrodite*, die da erscheinen soll?«

Dieser Art Gretchenfrage wäre ich gern aus dem Weg gegangen. Nun aber verlangt die töchterliche Anfrage unabweisbar eine Antwort. Ich versuche es wenigstens.

Um keine Mißverständnisse aufkommen zu lassen: Ich erwarte weder die Offenbarung einer neuheidnischen Muttergöttin noch die Erscheinung einer fundamentalistisch renovierten Madonna. Auch liegt mir nicht an der Begründung eines feministischen Mythos des 21. Jahrhunderts, nachdem sich der heroische Mythos des 20. Jahrhunderts als eben so lächerlich wie grauenhaft erwiesen hat. Bevor neue Utopien entworfen werden, erhoffe ich die Einlösung der verheißungsvollen Versprechungen unseres Jahrhunderts, als es noch jung war, und zwar ohne die Wiederholung bereits erledigter Verirrungen.

Eine neue Gesellschaft, eine neue Kultur werden entstehen, sagten damals die Propheten der fortgeschrittenen Aufklärung. Zum Beispiel auch ein neues Verhältnis der Geschlechter: Männliche Dominanz sollte einer ganzheitlich humanen Kultur weichen, in der Wert und Recht der Frau zur Geltung kommen. Die Erfüllung einiger dieser Jugendträume unseres Jahrhunderts wäre an seinem Ende sehr hilfreich.

Was Ikaros angeht: Er benötigt schon lange eine Partnerin, die ihn die Liebe zur Erde und ihren Geschöpfen lehrt, die ihn von technischen Allmachtsphantasien und militärischen Männerspielen genauso abbringt wie von falscher Mystik, die ihn zum schlichten Dienst am Leben verführt. Selbstbewußt ist diese Partnerin des Mannes, lebensklug wie Ariadne und liebreizend wie Aphrodite.

Allerdings: Diese neue Ariadne kann für Ikaros nur dann den lebensnotwendigen Dienst leisten, wenn er bereit ist, in ihr das andere seiner selbst zu entdecken und das Entdeckte in sich selbst zu verwirklichen.

Ariadne hat viele Namen, sie nennt sich auch SOPHIA, die Weisheit. Sie ist die Gefährtin, die der hebräische Jahwe genauso nötig hat wie der griechische Zeus und der römische Jupiter, ganz gewiß aber der selbstherrliche HOMO FABER, der oft von allen guten Geistern verlassen scheint.

So ungefähr könnte die Antwort an meine Tochter ausfallen. Und ergänzend müßte ich sagen: Weder Daidalos noch Ikaros entkommen dem Labyrinth, indem sie sich mit technischem Raffinement in die Luft erheben. Das Labyrinth ist zwar nach oben offen, verlangt aber die mühevolle Suche des Weges in der Horizontalen. Wir entkommen dem Gefängnis, in das wir uns selbst gebracht haben, nur durch solidarische Anstrengung, indem wir unsere labyrinthische Situation produktiv aufarbeiten, statt abwartend-resigniert nach oben zu schauen oder uns in den Himmel zu katapultieren.

Wer also ist *Ariadne Aphrodite*, die da erscheinen soll? Ganz einfach, sage ich zu meiner Tochter, du mußt sie nur in dir selbst entdecken! Dann kannst du mit Ikaros *Hochzeit* feiern. Es muß ja nicht unbedingt eine *heilige* sein!

Anhang

Anmerkungen

Trotz intensiven Nachforschens war es dem Verlag nicht in allen Fällen möglich, die genaue Quelle bzw. die Rechteinhaber der Texte und Abbildungen ausfindig zu machen. Das nachfolgende Verzeichnis ist also nicht lückenlos. Für Hinweise sind wir dankbar. Den Fotografen und Verlagen danken wir an dieser Stelle für die freundlicherweise erteilte Abdruckerlaubnis.

Einführung

Labyrinthfigur: Bullenlabyrinth, aus: ZEITmagazin Nr. 8, 19. 2. 1993.

1 Vgl. Stanislaw Lem: Die Ratte im Labyrinth.

2 Gustav René Hockes Werk ist als Doppelband 50/51 der rde 1957 erstmals erschienen. Eine Neuauflage ist 1987 im Rowohlt-Verlag herausgekommen.

3 G. R. Hocke, Manierismus I, S. 99.

4 Hermann Pongs: Franz Kafka. Dichter des Labyrinths. Heidelberg 1960.

5 Marianne Thalmann: Romantik und Manierismus. Stuttgart 1963.

6 So Heinz Ladendorfs Aufsatz »Kafka und die Kunstgeschichte«, a. a. O.

7 So lautet der Titel des klassisch zu nennenden Labyrinth-Buches von William Henry Matthews, London 1922, Reprint New York 1970.

8 Michael Ayrton: Ich erbaute das Labyrinth. Die Autobiographie des Daidalos. Frankfurt 1970 (The Maze Maker, London 1967).
Vgl. Nigel Pennick: Das Geheimnis der Labyrinthe, S. 229 f. und Bibliographie. Farbige Abbildungen in Adrian Fishers Labyrinthbuch, S. 54 und 146 f. (siehe Anm. 16).

9 Hermann Kern: Labyrinthe. Erscheinungsformen und Deutungen. 5000 Jahre Gegenwart eines Urbilds. 3. Auflage. München 1987.

10 Achille Bonito Oliva: Im Labyrinth der Vernunft, S. 54, darin auch sein Beitrag zum Ausstellungskatalog: »Das Labyrinth als Kunstwerk«.
Vgl. Bonito Oliva, Achille, Paolo Portoghesi, Umberto Eco und Paolo Santarcangeli: Luoghi del silenzio imparziale. Labirinto contemporaneo, Katalog, Mailand 1981.

11 Umberto Eco: Der Name der Rose. Roman (Italienische Erstausgabe: 1980).

12 Friedrich Dürrenmatt: Labyrinth. Stoffe I – III, S. 9– 176.

13 Hans Peter Duerr: Sedna oder Die Liebe zum Leben. Frankfurt 1990 (Erstausgabe: 1984).

14 Hans Blumenberg: Höhlenausgänge. Frankfurt 1989.

15 Manfred Schmeling: Der labyrinthische Diskurs. Frankfurt 1987.

16 Die beiden populären Einführungen aus dem angelsächsischen Raum, die in den letzten Jahren erschienen sind, tragen dem genannten Bedürfnis nur bedingt Rechnung:.

- Nigel Pennick: Das Geheimnis der Labyrinthe (Mazes and Labyrinths, London 1990), a. a. O.
- Adrian Fisher & Georg Gerster: Labyrinth. Solving the Riddle of the Maze. New York 1990.

17 Laut Brockhaus-Enzyklopädie ist das Mandala (Sanskrit ›Kreis‹, ›Ring‹), in den Religionen des indischen Kulturkreises ein mystisches Diagramm, welches in konzentrischer Anordnung – meist aus einer Verbindung von Quadraten und Kreisen – den gesamten Kosmos, die Götterwelt und auch psychische Aspekte versinnbildlicht und als Meditationsbild dient. Mandalas stellen symbolhaft eine religiöse Erfahrung dar; sie sollen bestimmte geistige Zusammenhänge verdeutlichen und den Menschen in ihrer Visualisierung und Meditation zur Einheit mit dem Göttlichen führen. In der Tiefenpsychologie C. G. Jungs werden dem Mandala ähnliche bildhafte Gestaltungen und Trauminhalte als Symbole der Selbstfindung (Individuation) interpretiert.

18 Kern: Labyrinthe, S. 13.
Ich folge hier und im weiteren den Differenzierungen des Begriffs, die H. Kern vorgenommen hat. Vgl. auch Kerns knappe Darstellung seiner Auffassungen in *Bild der Wissenschaft* 11–1982, S. 148–159.

19 Vgl. Kern, Labyrinthe, S. 202 f.

20 Ebd., S. 13–17.

21 Siehe dazu auch die Abb. auf S. 23 (Trinkschale). Zur Konstruktion von Labyrinth-Figuren siehe Fisher, S. 57 ff. (The Natur of Puzzlement).

22 Eine kritische Darstellung des Sachverhalts gibt G. S. Kirk: Griechische Mythen. Ihre Bedeutung und Funktion. Vgl. dazu auch die Einleitung zu K. Kerényis Erzählwerk »Die Mythologie der Griechen«, Bd. 1, S. 7–17. Zum Problem der Umdeutung siehe F. Schachermeyr, Die griechische Rückerinnerung, speziell zu Kreta, S. 281–290.

23 Vgl. Kern, Abb. 103–104, S. 97.

24 Vgl. Kern, S. 14.

25 U. Eco, Nachschrift zum »Namen der Rose«; genauer in »Kritik des porphyrischen Baumes« in: Im Labyrinth der Vernunft, a. a. O., S. 89 ff.

26 Vgl. Kern, S. 87 ff.

27 Vgl. Kern, Abb. 107, S. 98. Eine wesentlich ältere Verbindung der klassischen Labyrinth-Form mit Figuren, die der Theseus-Sage entstammen können, dokumentiert die etruskische Weinkanne von Tragliatella (um 620 v. Chr.). Die Bezeichnung des Labyrinths als »Truia« verweist auf den später »Trojaspiel« genannten Labyrinth-Tanz.

Kapitel 1: Minotauros.

Motto: Jorge Luis Borges, zitiert nach Bert Nagel, Kafka und die Weltliteratur, S. 363 *(Wie Borges selbst erklärt, sei es der Minotaurus, der die Existenz des Labyrinths vollgültig rechtfertigt.)*
Die Geschichte ist erzählt nach Karl Kerényis *Griechischer Mythologie für Erwachsene*, die mit dem Titel *Die Mythologie der Griechen* in zwei Bänden erschienen ist. Im zweiten Band findet man unsere Helden wieder: in den *Heroen-*

Geschichten. Ergänzend wurden Plutarchs Erzählung der Kretareise und die Darstellung herangezogen, die Robert von Ranke-Graves gegeben hat.

Kapitel 2: Der Baumeister.

Motto: Publius Ovidius Naso, Metamorphosen VIII, 157–161.
Übersetzung von Erich Rösch, Ernst Heimeran Verlag, München 1968.
1 André Gide, Theseus, in: Sämtliche Erzählungen. Stuttgart 1965, S. 630.
2 Bildlegende zum Labyrinth auf S. 31 in Kern, Abb. 207, S. 175.
3 Homer, Ilias, 18. Gesang, V. 590 ff. (Übersetzung von W. Schadewaldt).
4 Kern, S. 17.
5 Vgl. Hans Peter Duerr, Sedna oder Die Liebe zum Leben, a. a. O.
6 Vgl. H. Kerns Diskussion der These von Evans, die auf den deutschen Archäologen Maximilian Mayer zurückgeht: Kern, S. 46 f.
7 Vgl. Kern, S. 74.
8 Zitiert nach Kern, S. 72.
9 Vergil: Aeneis, V, 588–595 (Übersetzung von Eduard Norden).
10 Vergil: Aeneis, VI, 27–30.
11 Ovid: Metamorphosen, VIII, 161 f. (Übersetzung von Gerhard Fink), siehe Kapitel XII, Anm. 1.
12 Vgl. Wolfgang Haubrichs: Error inextricabilis. Form und Funktion der Labyrinthabbildung in mittelalterlichen Handschriften. In: Meier/ Ruberg (Hg.): Text und Bild. Wiesbaden 1980, S. 63–174, hier S. 97: »Die univiale Konstruktion der Labyrinthe verstößt so offensichtlich gegen den in den Texten immer wieder bewußt gemachten Sinn der Figur, den *error*, daß wir der Abweichung eine Intention unterstellen müssen: die antike und mittelalterliche Labyrinthabbildung repräsentiert im Schema den Weg, den Ariadnefaden, den vom Mythos gefeierten Sieg über den *error*, nicht die Konstruktion der *domus Daedali* und deren Irrwege.«.

Kapitel 3: Mißverständnisse.

Motto: Vergil, Aeneis VI, 23–26 (Übersetzung von Eduard Norden).
1 Die Abbildung auf S. 43 ist die späteste Version des Liber floridus, die Kern dokumentiert hat: Abb. 189, S. 162; vgl. Abb. 160 und 161, S. 160 f.
2 Der komplette lateinische Text – in der vertrauten Schreibweise geboten – lautet folgendermaßen:.
Pasiphae regina Cretensium concubuit cum tauro induta vaccam ligneam, quam Daedalus ingenio suo composuerat. Concepitque ex eo genuitque minotaurum semivirum et semibovem. Quo nato Daedalus ex praecepto Minois regis fecit foveam, scilicet laberinthum domumque desuper. Positus-que est intus minotaurus. Devictis Atheniensibus a Minoe rege Cretensi statuitur illis sibi dari hoc tributum, ut semper post tres annos bis septem corpora iuvenum mitterentur in pastum minotauro. Minos rex iratus adversus Daedalum, tum quia ingenio suo taurum cum Pasiphae regina coire fecerat, tum quia suo indicio Theseus minotaurum occiderat, illum

aufugere et in patriam redire volentem posuit una cum filio suo Icaro in
exilium in insula marina. Unde volens exire pennas et alas sibi filioque
composuit, quibus iram Minois regis effugeret, quia eum occidere voluit.
Daedalus aptatis liquidum secat aera pennis. Icarus insequitur. Fragilis sed
cera liquatur. Et cadit in pelagus, genuit sub pondere fluctus. Quod ab illo
tempore mare Icarum nominatur..
Vgl. dazu Wolfgang Haubrichs: Error inextricabilis, a. a. O., S. 93 ff.

3 Homer, der griechische Dichter, gilt als der Verfasser der Epen *Ilias* und
Odyssee. Beide sind wohl im 8. Jh. v. Chr. entstanden und im 6. Jh.
aufgezeichnet worden. Ihr Gegenstand ist die Frühzeit Griechenlands,
die Zeit der Wanderungen und der mit ihnen verbundenen Kämpfe, die
durch Homer dichterisch lebendig wird. Seit etwa 2000 v. Chr. wanderten
indogermanische Stämme in den Mittelmeerraum ein. Die zu ihnen
gehörenden Frühgriechen, die offenbar den Namen Achaier trugen,
griffen auch nach Kreta über und machten der minoischen Kultur um
1450 v. Chr. ein Ende (nach neuesten Forschungsergebnissen fraglich).
Die Blütezeit der kretischen Kultur begann um 2000 v. Chr.

4 Die folgende Erzählung beruht wiederum hauptsächlich auf der Darstellung, die Karl Kerényi gegeben hat: Die Mythologie der Griechen, Band I,
Kap. 7 (Kretische Geschichten).

5 Duerr: Sedna oder Die Liebe zum Leben, S. 192.

6 Vgl. H. P. Duerr, § 9 (Der Stier seiner Mutter) und § 10 (Das Zerreißen des
Geliebten).

7 Ebd., S. 138. Vgl. dazu auch Mircea Eliade: Geschichte der religiösen
Ideen. Band 1, S. 329 f. und S. 338 f.; Erich Neumann: Ursprungsgeschichte des Bewußtseins, S. 71 ff.

8 Duerr, S. 191.
Duerr stellt die beiden Interpretationen, die minoische und die griechische, auf S. 183 prägnant gegenüber.

9 Vgl. Eliade: Geschichte der religiösen Ideen. Band 1, S. 127.

Kapitel 4: Befreiung.

Motto: Franz Kafka, Tagebuch am 24. Januar 1922.
Zitiert nach Franz Kafka, Gesammelte Werke, Tagebücher 1910–1923, hrsg.
von Max Brod, S. 411.

1 Plutarch: Große Griechen und Römer. Band 1, S. 52.

2 Ebd.

3 Siehe S. 59. Bildlegende: Kern, Abb. 620, S. 429.

4 Näheres dazu in Kern, Abb. 644 ff., S. 439 ff.

5 Vgl. Kern, S. 430 f.
Daß die Vorstellung der Geburt mit den Darmschlingen zu tun hat,
belegt Hermann Kern (Anm. 38, S. 28) mit einem Hinweis auf Sigmund
Freuds »Neue Folge der Vorlesungen zur Einführung in die Psychoanalyse.« In der 29. Vorlesung sagt Freud: »Nur noch ein Wort, aber ich kann
es mir nicht versagen zu erwähnen, wie häufig gerade mythologische
Themen durch die Traumdeutung Aufklärung finden. So läßt sich z. B.

die Labyrinthsage als Darstellung einer analen Geburt erkennen; die verschlungenen Gänge sind der Darm, der Ariadnefaden die Nabelschnur.« (Freud, Frankfurt 1991, S. 28).

6 Vgl. Stanislavs Grofs dramatischen Bericht über die Wiedererinnerung der Geburt, betitelt *Urszenen des Austritts*. In: Sloterdijk/Macho (Hg.): Weltrevolution der Seele, Band II, S. 802 ff.

7 Peter Sloterdijk: Eurotaoismus. Zur Kritik der politischen Kinetik, S. 174 f. Sloterdijk entwickelt unter dem Titel »Das fehlgeborene Tier und die Selbstgeburt des Subjekts« eine gnostisch inspirierte Philosophie der Geburt. Er formuliert: »Die physische Geburt ist das Gegenteil eines Zurweltkommens, es ist das Herausfallen aus allem ›Bekannten‹, ein Sturz ins Unheimliche, ein Sichausgesetztfinden in einer nicht geheuren Lage.« Der *»geburtliche Exodus« in die Welt* bedeutet »eine Abenteuerfahrt in unheimliche Wälder . . . (S. 174 f.).
Eine romanhafte Vorstellung vom problematischen Geburtserlebnis vermittelt Günter Grass in seiner *Blechtrommel*: Dargestellt wird die Geburt des Oskar Matzerath (Abschnitt *Falter und Glühbirne*).

8 Sloterdijk, a. a. O., S. 176.
Vgl. auch Hans Blumenberg: Höhlenausgänge, Erster Teil: Die Höhlen des Lebens.
Nicht jedem erträglich ist E. M. Ciorans Buch »Vom Nachteil, geboren zu werden«. Darin spricht er von der »Katastrophe der Geburt«.

9 Zum Phänomen *Sokrates* hat Gernot Böhme ein vorzügliches Buch geschrieben: Der Typ Sokrates.

10 Platons *Höhlengleichnis* ist es wert, im ganzen gelesen zu werden, und dazu gehört auch die *Deutung* des Gleichnisses, die – anders als meine Version – unmittelbar ins Zentrum der platonischen Philosophie führt: *Politeia* (Der Staat), gleich zu Beginn des Buches VII, ob in der Übersetzung von Karl Vretska (Reclam) oder von Rudolf Rufener (Artemis), das läuft aufs gleiche hinaus.
Vgl. Blumenberg, S. 83 ff. (Die Höhle inmitten des Staates).

Kapitel 5: Wiedergeburt.

Motto: Evangelium nach Johannes 3,5 in der Übersetzung der Einheitsbibel.
1 Bildlegende: Kern, Labyrinthe, S. 320 ff.
2 Vgl. Kerényi, Die Mythologie der Griechen. Band II: Die Heroen-Geschichten, S. 183 f.
3 René Girard, Das Heilige und die Gewalt, S. 371.
4 Girard, S. 370.
5 Michel Leiris in seinem Vortrag »Das Heilige im Alltagsleben« (Die eigene und fremde Kultur. Ethnologische Schriften. Band 1, a. a. O., S. 228). Die Rede von *dem Heiligen* geht zurück auf Rudolf Ottos 1917 erschienenes Buch »Das Heilige. Über das Irrationale in der Idee des Göttlichen und sein Verhältnis zum Rationalen«. Zur Diskussion dieses Begriffs im Kontext des 20. Jahrhunderts: Adolf Holl, Im Keller des Heiligtums, 8. Kapitel: Gefährliche Heiligkeit.

6 Eine übersichtliche Darstellung und aufschlußreiches Bildmaterial zum Thema *Ödipus und die Sphinx* bietet Rolf Vogt: Psychoanalyse zwischen Mythos und Aufklärung oder Das Rätsel der Sphinx, S. 49 ff.
Die Begegnung mit sich selbst im Bild des Minotauros ist das Zentrum des Romans »Labyrinth des Minotaurus« (engl. Seduction of the Minotaur, 1961) von Anaïs Nin.

7 Lexikon für Theologie und Kirche 5, 2. Aufl. 1965, Sp. 674 ff.

8 Wolfgang Amadeus Mozart, Die Zauberflöte, 2. Aufzug, 28. Auftritt.

9 Mircea Eliade, Die Sehnsucht nach dem Ursprung, S. 155.

10 Vgl. Mircea Eliade, Das Mysterium der Wiedergeburt, S. 16. Vgl. C. G. Jung: Symbole der Wandlung (Gesammelte Werke V), S. 261 ff. (Symbole der Mutter und der Wiedergeburt).

11 Kern, S. 26 ff.
Zum Zusammenhang von Ritual, Tanz und psychischem Erleben vgl. Neumann, Zur psychologischen Bedeutung des Ritus, a. a. O., S. 14 ff.

12 Vgl. Kern, Abb. 177 (Teufelsdarstellung im Zentrum).

13 Lexikon für Theologie und Kirche 10, 2. Aufl. 1965, Sp. 4 f. Zum amüsanten, jedoch durchaus ernsthaften Studium des Engel- und Teufelwesens empfiehlt sich das reich illustrierte Werk von Malcolm Godwin mit dem Titel »Engel. Eine bedrohte Art«.

14 Die christliche Interpretation des Labyrinths ist durchaus nicht einheitlich, zumindest eine »Doppelstrategie« ist festzustellen: *in bonam partem aktualisiert das Muster die Personalunion von Christus und Theseus, den Prozeß der Wiederauferstehung, die Passio Christi, den Weg nach Jerusalem und – in ekklesiologischer Auslegung – den Weg zur Kirche und zum Himmel. In malam partem ist das Labyrinth »Symbol sündiger Weltverstrikkung«, wie zum Beispiel in Darstellungen der biblischen Stadt Jericho.* (Schmeling, S. 143, mit Berufung auf Birkhan und Haubrichs).

15 Alfons Rosenberg, Die christliche Bildmeditation, S. 271.

16 Siehe Kap. II, Anm. 12.

17 Römer, 6,3 f.

18 Vgl. dazu Kern, S. 207 ff.; Hugo Rahner: Griechische Mythen in christlicher Deutung, S. 74 ff.

Kapitel 6: Konzentration.

Motto: Angelus Silesius, zitiert nach Karl Otto Conrady, Das Buch der Gedichte, S. 92.

1 Kern, Abb. 274, S. 235.
Die folgende Bibelstelle: 1. Kor. 9,24.

2 Daß der Christ ein Fremder in der Welt sei, ist neutestamentliche Grundüberzeugung, die letztlich auf den jüdischen Exodusgedanken zurückgeht. Das Lebensgefühl der frühen Christen formuliert der Diognet-Brief (um 200 n. Chr.): »Jede Fremde ist ihr Vaterland und jedes Vaterland Fremde.« Durch die Konstantinische Wende der christlichen Kirche ging dieses Lebensgefühl weitgehend verloren. Es bedurfte immer neuer Mahnung an dieses Axiom christlichen Lebens.

3 Als Ergebnis des ersten Kreuzzugs (1096–1099) wurde Jerusalem 1099 erobert und das christliche Königreich Jerusalem gegründet. Im Jahre 1187 eroberte Sultan Saladin die auch für die Muslimen heilige Stadt zurück. Erst im fünften Kreuzzug (1228/29) gewann Kaiser Friedrich II. durch einen zehnjährigen Friedensvertrag mit Sultan Malek al-Kamil die heiligen Orte Bethlehem, Nazareth und Jerusalem für die Christenheit zurück. Jerusalem ging bereits 1244 wieder verloren.

4 Kurt Benesch: Pilgerwege, S. 178.

5 Ebd., S. 181.

6 Ebd., S. 190 f.

7 Vgl. Jan van den Meulen/Jürgen Hohmeyer: Chartres, S. 12 ff. Werner Schäfke: Frankreichs gotische Kathedralen, S. 142 ff.

8 Siehe Abb. S. 91. Nähere Angaben in Kern, Abb. 255–257, S. 225 ff.

9 Siehe Abb. S. 90. Nähere Angaben in Kern, Abb. 278–279, S. 236 ff.

10 Offenbarung 21, 2 f.

11 Offenbarung 21, 5 f. Zur Deutung des Labyrinthzentrums: Das Labyrinth von Chartres besaß mit großer Wahrscheinlichkeit keine Minotauromachie, wie Hermann Kern gegen andere Auffassungen deutlich gemacht hat (Bildlegende, S. 225); denkbar ist, daß das Zentrum wie in Amiens ein Denkmal für die Baumeister der Kathedrale enthielt. Wichtiger erscheint mir die Frage, welche Bedeutung der sechsblättrigen Blüte des Zentrums zuzusprechen ist, eine Form, die zusammen mit der zahnradförmigen Begrenzung des Labyrinths eine Besonderheit von Chartres darstellt. Kern gibt zwei Hinweise, die weiterhelfen können: Die sechsblättrige Blüte läßt an das Maßwerk einer Fensterrose denken; dieser Zusammenhang wird durch das Bauhüttenbuch des Villard de Honnecourt bestätigt, welches die Kopien des Labyrinths und der Westrose auf einer Seite miteinander verbindet.

12 Vgl. Kern, S. 214 ff.

13 Einen guten Überblick darüber und zugleich einen Einblick in den Geist des New Age gibt Ken Wilber in seinem Buch »Wege zum Selbst. Östliche und westliche Ansätze zu persönlichem Wachstum«. Mircea Eliade sieht im analytischen bzw. therapeutischen Prozeß eine moderne Version der alten Initiation: *Man könnte die Psychoanalyse sogar als degradierte Form der Initiation betrachten, das heißt einer Initiation, die einer entheiligten Welt zugänglich ist. Das Szenarium ist noch erkennbar: der »Abstieg« in die mit »Ungeheuern« bevölkerten Tiefen der Psyche entspricht einem descensus ad inferos; die wirkliche Gefahr, die ein solcher »Abstieg« in sich birgt, könnte den typischen Prüfungen der traditionsgebundenen Gesellschaften gleichgesetzt werden usw. Das Ergebnis einer gelungenen Analyse ist die Integration der Person, ein seelischer Vorgang, der nicht ohne Ähnlichkeit mit der geistigen Verwandlung ist, die durch die echte Initiation bewerkstelligt wird.* (Das Mysterium der Wiedergeburt, Anm. 57, S. 257).

14 »Lord of the Underworld«, Titel des Werks von Colin Wilson über C. G. Jung und das 20. Jahrhundert.

15 Aus der *Einleitung in die religionspsychologische Problematik der Alchemie.* In: C. G. Jung: Psychologie und Alchemie (Gesammelte Werke XII), S. 20 f.

16 Kern, Anm. 33, S. 27.
17 Adolf Holl, Der letzte Christ – Franz von Assisi.
    Der Historiker Georges Duby sagt über Franz: *Dieser Mann war neben*
    Christus der große Held der christlichen Geschichte, und man kann ohne
    Übertreibung sagen, daß alles, was heute noch an lebendigem Christentum
    besteht, direkt von ihm herkommt. (Georges Duby, Die Zeit der Kathedra-
    len, S. 245).
18 Walter Dirks: Ein zarter, zäher, kleiner Mann, S. 11.
19 Ivan Gobry: Franz von Assisi, S. 35.
20 Johann Baptist Metz, in: Kaufmann/Metz, Zukunftsfähigkeit, S. 106.
21 Zitate nach Friedrich Heer: Europäische Geistesgeschichte, S. 204 f.
    Die *Fioretti* findet man in: Franz von Assisi. Gebete. Ordensregeln.
    Testament. Briefe. Übersetzt von Wolfram von den Steinen und Max
    Kirschstein. Zürich 1979.
    Vgl. auch Adolf Holl, S. 179.
22 Duby, S. 230.
23 C. G. Jung: Psychologie und Alchemie, S. 21 f.
    Jung scheint hier die Kritik Sören Kierkegaards fortzuführen, die dieser
    fast genau hundert Jahre vorher am Christentum geübt hatte: *Was ist der*
    Unterschied zwischen einem »Bewunderer« und einem »Nachfolger«? (S.
    Kierkegaard: Die Leidenschaft des Religiösen, S. 81 ff.). Anders als bei
    Kierkegaard wird die Christus-Nachfolge bei Jung offensichtlich als das
    Ereignis der Individuation verstanden, Christus zu einem Symbol des
    Selbst.
    Vgl. Jung: Aion. Beiträge zur Symbolik des Selbst (Gesammelte Werke
    IX.2), S. 46 ff.
24 Vgl. Hans-Eckehard Bahr: Mit dem Wolf leben, S. 74. Über den Charakter
    der neuen franziskanischen Kultur handelt Bahr unter den Titeln »Mit-
    fühlen, mitleiden, mitfreuen« und »Freude, schöner Menschen-Funke«
    (S. 28 ff.).
25 Was nach dem Tod des revolutionären Francesco d'Assisi geschah, dar-
    über berichtet Adolf Holl im letzten Kapitel seines Buches »Der letzte
    Christ« (16. Kapitel: Nachher).
    Die romanhafte Darstellung dieser Nachgeschichte liest man mit Span-
    nung in Umberto Ecos »Der Name der Rose«, wobei es nicht in erster
    Linie um die sogenannte Heilige Inquisition, sondern um die Armutsbe-
    wegung geht.
    Leonardo Boff, der sich 1992 der ständigen Reglementierung durch die
    Erben der Inquisition entzog, indem er Priesteramt und Franziskaneror-
    den verließ, hat 1985 den spirituellen und zugleich politischen Gehalt
    des Rosen-Romans kommentiert: *Die beiden Sackgassen des Bewahrens*
    und des Erschaffens. In: Kroeber, Burkhart (Hg.), Zeichen in Umberto Ecos
    Roman ›Der Name der Rose‹, S. 347 ff.
26 Reparatus-Basilika in Algier: Kern, Abb. 116–117, S. 119. San Vitale in
    Ravenna: Kern, Abb. 276–277, S. 236.

Kapitel 7: Die Welt.

Motto: Kern, S. 295 f. und Abb. 383, S. 303.
1 Friedrich Heer: Europäische Geistesgeschichte, S. 232.
2 Giovanni Pico della Mirandola: Über die Würde des Menschen, S. 10 f.
3 Kern, S. 268 (Abb. 333 und Legende).
4 Vgl. Hugo Rahner: Griechische Mythen in christlicher Deutung, S. 77 ff.
5 Heer: Europäische Geistesgeschichte, S. 241.
6 Die erste bildnerische Formulierung des Irrgartens taucht erst in der ersten Hälfte des 15. Jahrhunderts (ca. 1420) in Italien auf. Der venezianische Arzt Giovanni Fontana (ca. 1395 – ca. 1455) hat das Labyrinth als Irrgarten gleich zweimal, rund und eckig, in sein Notizbuch mit Entwürfen für Kriegsmaschinen gezeichnet. (Kern, Abb. 235–236) Abb. in der Einführung, S. 14.
7 Umberto Eco: Im Labyrinth der Vernunft, S. 105.
8 Andreas Gryphius: Es ist alles eitel (1637). Zitiert nach: Das Buch der Gedichte, S. 84.
   Vgl. auch andere Gedichte zu diesem Thema: Gryphius, *Menschliches Elende*; Christian Hoffmann von Hoffmannswaldau, *Die Welt*.
9 Vgl. Robert Burton: Anatomie der Melancholie. Die erste Auflage des im ganzen 17. Jahrhundert überaus erfolgreichen Buches erschien 1621 in Oxford.
10 Kern, S. 234. Vgl. Kerényi, Labyrinthstudien, a. a. O., S. 246 f. Zur postmodernen Rezeption: Motto zum 10. Kapitel (Eco, Der Name der Rose).
11 Zitiert nach Veit-Jakobus Dieterich, Johann Amos Comenius, S. 31.
12 Johann Amos Comenius: Das Labyrinth der Welt und das Paradies des Herzens, Titelblatt. Im tschechischen Titel steht das (deutsche) Wort »Lusthauz« für »Paradies«.
   Einen interessanten Einblick in Werk und Wirkung dieses Gelehrten gibt der Katalog des Museums Bochum zur Comenius-Gedächtnis-Ausstellung 1992: *Labyrinth der Welt und Lusthaus des Herzens. J. A. Comenius (1592–1670)*.
13 Siehe Abb. S. 111, vgl. auch Kern, Abb. 374, S. 296.
14 Tschižewskij; Dmitrij: Kleinere Schriften, S. 133.
15 Vgl. Kern, S. 295 und Abb. 378, S. 300.
16 Zitiert nach Kindlers Literaturlexikon, Band VI, S. 7506.
17 Tschižewskij, Kleinere Schriften, S. 179.
18 Tschižewskij hat nicht nur die *Thematik und die Quellen des Werks* dargestellt (Kleinere Schriften, S. 92–139), sondern auch die *spätere Tradition der Thematik des ›Labyrinths‹* (Kleinere Schriften, S. 168–176); in dem zweiten Aufsatz verweist er u. a. auf Calderons ›Autos sacramentales‹, *die die Traditionen der mittelalterlichen Mysterien und Moralitäten in sich vereinigten*, darunter drei, in denen die Thematik des Werks sogar im Titel wiederkehrt: *El laborinto del mundo, El gran mercado del mundo, El gran teatro del mundo*.
   Entgangen ist ihm ein Werk der spanischen Literatur des 17. Jahrhunderts, das in einigen Teilen frappierende Ähnlichkeiten mit Koménskis *Labyrinth der Welt* aufweist, nämlich Baltasar Graciáns *El criticón* (deutsch: Criticón

oder Über die allgemeinen Laster der Menschen. Hamburg 1957). In diesem Werk wird nicht nur *die große Stadt* als *ein musterhaftes Labyrinth und eine wahre Stätte des Minotaurus* bezeichnet, sondern auch einzelne Züge der Darstellung (verkehrte Welt, Lasterkatalog, passives Schauen) tauchen darin auf (dt. Ausgabe, S. 56 ff., S. 74 f. und S. 146 f.).

19 Vgl. Tschižewskij, S. 104, und Schmeling, Der labyrinthische Diskurs, S. 145 f.
   Während Koménskys »Labyrinth der Welt« weithin unbekannt blieb, wurde ein anderes Erbauungsbuch des 17. Jahrhunderts zu einem der erfolgreichsten Bücher der englischen Literatur und zu einem der meistübersetzten Werke der Weltliteratur: John Bunyans »The Pilgrim's Progress« (Teil 1: 1678, Teil 2: 1684), deutsch: »Die Pilgerreise«.

20 Zitiert nach Kern, S. 300.

Kapitel 8: Lebensläufe.

Motto: Daniel Casper von Lohenstein, Aufschrift eines Labyrinths (Auszug), s. u. Anm. 3.

1 Siehe S. 117.

2 Baltasar Gracián: Criticón, S. 74 (Das spanische Original erschien 1651–1657).
   Vgl. auch Hocke, Das Labyrinth der Welt, S. 102.
   Vgl. auch Bertolt Brechts Gedicht »Diese babylonische Verwirrung«, in: Gesammelte Werke, Band 8, S. 149 ff.

3 Daniel Casper von Lohenstein: Aufschrift eines Labyrinths. Zitiert nach: Frankfurter Anthologie, S. 27 f.

4 Immanuel Kant: Beantwortung der Frage: Was ist Aufklärung? In: Werke in sechs Bänden, Band VI, S. 53 und 59.

5 Immanuel Kant: Metaphysik der Sitten. Rechtslehre, § 28 ff., a. a. O., Band IV, S. 393 ff.

6 Vgl. Schmeling: Der labyrinthische Diskurs, S. 140 f.

7 J. W. Goethe: Faust. Eine Tragödie. Zueignung. In: Goethes Werke (Hamburger Ausgabe), Band III, S. 9.

8 J. W. Goethe: Faust. Der Tragödie zweiter Teil, V. 7830 ff., a. a. O., Band III, S. 238.

9 Ebd., V. 8331 ff., Band III, S. 252.

10 Wilhelm Meisters Lehrjahre. In: Goethes Werke, Band VII. Die folgenden Zitate: S. 86, 494 f., 550, 422, 290, 610.

11 Max Kommerell: Wilhelm Meister. Zitiert nach: Erläuterungen und Dokumente, S. 364.

12 Novalis Werke, S. 545 f.

13 Ebd., S. 134.

14 Ebd., S. 326.

15 Die nun folgenden Zitate aus dem Roman »Heinrich von Ofterdingen« entstammen den Kapiteln I – VI des ersten Teils, das letzte dem zweiten Teil.

16 Vgl. dazu Schmeling, S. 139.

17 Gustav Landauer, zitiert nach Martina Wagner-Egelhaaf: Mystik der Moderne, S. 37.
18 Goethes Werke, Bd. VII, S. 553.
19 Eichendorff: Werke in einem Band, S. 56 f.
20 Franz Kafka: Sämtliche Erzählungen, S. 320 (»Kleine Fabel«).

Kapitel 9: Liebesgarten.

Motto: Johann Wolfgang Goethe, Westöstlicher Divan, *Lesebuch* (2), zitiert nach Hamburger Ausgabe, Band II, S. 28.
1 2. Tim. 2, 22.
2 Vgl. Kern, Kapitel XIII. 4: Liebes-Labyrinthe.
3 2. Tim. 3, 6 f.
4 Vgl. Kern, Bildlegende zu Abb. 432.
5 Michel de Montaigne: Essais, I, XXX, zitiert nach Jean-Louis Flandrin, Das Geschlechtsleben der Eheleute in der alten Gesellschaft: Von der kirchlichen Lehre zum realen Verhalten. In: Die Masken des Begehrens und die Metamorphosen der Sinnlichkeit, a. a. O., S. 161.
6 Vgl. dazu Kern, Kapitel XVI: Trojaburg und Jungferntanz; Pennick: Das Geheimnis der Labyrinthe, S. 21 ff.
7 Vgl. Kern, Abb. 596, S. 415. John Kraft hat unter dem Titel »The Goddess in the Labyrinth« eine weitreichende Interpretation der *Frau im Labyrinth* vorgelegt, die mit unserer Darstellung in den Kap. II und III teilweise übereinkommt.
8 Pennick, Das Geheimnis der Labyrinthe, S. 47 (nach Kraft, S. 16).
9 Ebd., S. 48.
10 Josua, Kap. 2 und 6.
11 Josua, Kap. 2,17 ff.
12 Eine der Erzählungen geht sogar davon aus, daß Aphrodite die Begleiterin des Theseus gewesen sei. Vgl. Kerényi, Band II, S. 185 f.
Die Verbindung der Labyrinth-Figur mit dem Fruchtbarkeitsritus der Heiligen Hochzeit ist bezeugt durch die Kombination von Labyrinth- und Koitus-Darstellungen auf der Kanne von Tragliatella (vgl. Anm. 27 der Einführung). Parallelen dazu sind vielleicht die neolithischen Näpfchen-Steine (cup-and-ring-marks), die mit dem Plan der Megalith-Anlage von Stonehenge erstaunliche formale Ähnlichkeiten aufweisen. Vgl. dazu Kern, Abb. 11–25, S. 38 f.
Zu *Ariadne Aphrodite* vgl. auch Kapitel II.
13 Es sei daran erinnert, daß die Eroberung Kretas durch die Griechen die Umkehrung der bisherigen kultisch-mythischen Verhältnisse im Sinne einer *interpretatio graeca* zur Folge hatte. Die neuerliche Hegemonie des Phallus führte auch zum Rollenwechsel bei der Heiligen Hochzeit: Theseus ist nicht Paredros der Ariadne, sondern diese seine Paredra.
14 Walter Burkert: Griechische Religion der archaischen und klassischen Epoche, S. 177 f.
15 Vgl. Anm. 5.
16 Duerr, Edna, Anm. 18, S. 349 f.

17 Hocke, Manierismus I, S. 180. Nach Hocke sind die labyrinthischen Zeiten der Literatur dem Stilbegriff des Manierismus zuzuordnen.
18 Ebd., S. 183.
19 *Die Wollust.* In: Komm. Zieh dich aus, S. 82.
20 Vgl. das Motto dieses Kapitels.
21 Friedrich Schlegel: Lucinde, S. 14.
22 Ebd., S. 20 ff.
23 Ebd., S. 93.
24 Wie problematisch dieses Ehemodell ist, läßt sich im nachhinein besser beurteilen. Vgl. dazu Beck/Beck-Gernsheim: Das ganz normale Chaos der Liebe, speziell Kapitel VI: Die irdische Religion der Liebe.
25 *Lyrisches Intermezzo XXVI.* In: Heinrich Heine: Werke in vier Bänden, Band 1, S. 85.
26 *Westöstlicher Divan. Lesebuch.* In: Goethes Werke, Band 2, S. 28.

Kapitel 10: Die Bibliothek.

Motto: Umberto Eco: Der Name der Rose, S. 201.
1 Kerényi: Labyrinth-Studien, a. a. O., S. 243.
2 Vgl. Pennick, Das Geheimnis der Labyrinthe, S. 224.
3 Zum Jahr des Labyrinths: Caerdroia 1991, S. 8 ff. Die 26. Ausgabe von »Caerdroia« (1993) ist im Sommer 1994 erschienen. Wer sich für dieses jährlich publizierte Journal interessiert, wende sich an den Herausgeber Jeff Saward:
Caerdroia, 53 Thundersley Grove, Thundersley,
Essex, SS7 3 EB, England, U.K.
Ein Beispiel für die bedenklich esoterische Richtung, die das Interesse am Labyrinth in den englischsprachigen Ländern zu nehmen scheint, ist das Buch, das im Herbst 1993 in deutscher Übersetzung erschienen ist:
Sig Lonegren, Labyrinthe. Antike Mythen & moderne Nutzungsmöglichkeiten (Glastonbury 1991, Frankfurt 1993).
4 Vgl. Pennick, S. 235 und 237. Farbige Abbildungen finden sich in Adrian Fishers Labyrinthbuch.
»Minotaur Designs« hat bis 1993 mehr als 70 Labyrinthe in aller Welt geschaffen. A. Fisher freut sich auf neue Interessenten. Seine Adresse:
Minotaur Designs.
42 Brampton Road, Saint Alban's.
Hertfordshire, AL1 4PT, England.
Tel. +44(0) 727844800.
Fax ... 844801.
5 Fisher, S. 137 (The Riddle of the Maze).
6 Fisher, S. 148 f. (Luftbild-Fotos mit Erläuterungen).
7 Vgl. Kern, Abb. 4 (Dürer), S. 35.
8 Hocke, Manierismus I, S. 98 f.
9 Umberto Eco: Der Name der Rose, a. a. O.
10 A. a. O., S. 49.
11 Ebd.

12 A. a. O., S. 50.
13 A. a. O., S. 52.
14 A. a. O., S. 53.
15 A. a. O., S. 165.
16 A. a. O., S. 54.
17 A. a. O., S. 275 f.
18 A. a. O., S. 278.
19 A. a. O., S. 396.
20 A. a. O., S. 410.
21 A. a. O., S. 412.
22 Umberto Eco: Nachschrift zum ›Namen der Rose‹, S. 10: »Mein Roman trug zunächst den Arbeitstitel *Die Abtei des Verbrechens*«.
23 Eco, Der Name der Rose, S. 600.
24 A. a. O., S. 174.
25 A. a. O., S. 144.
26 A. a. O., S. 232.
27 Ebd.
28 A. a. O., S. 505.
29 A. a. O., S. 506.
30 A. a. O., S. 509.
31 A. a. O., S. 509 f.
32 Kant: Beantwortung der Frage: Was ist Aufklärung?.
33 Eco, Der Name der Rose, S. 601.
34 A. a. O., S. 604.
35 A. a. O., S. 607.
36 Horst Fuhrmann in der Einführung zum Sammelband »... *eine finstere und fast unglaubliche Geschichte?« Mediävistische Notizen zu Umberto Ecos Mönchsroman ›Der Name der Rose‹*, a. a. O., S. 5.
37 Jorge Luis Borges: Die Bibliothek von Babel. In: Gesammelte Werke. Band 3/1: Erzählungen.
38 A. a. O.
39 A. a. O.
40 A. a. O.
41 A. a. O.
42 A. a. O.
43 A. a. O.
44 A. a. O.
45 A. a. O.
46 Jorge Luis Borges: Der Garten der Pfade, die sich verzweigen. In: Gesammelte Werke. Band 3/1: Erzählungen 1935–1944.
47 A. a. O.
48 A. a. O.
49 A. a. O.
50 Zum Begriff *Postmoderne* vgl. Wolfgang Welsch: Unsere postmoderne Moderne, speziell zum Rückgriff auf das Mittelalter, S. 57 ff.
51 Eco: Der Name der Rose, a. a. O., S. 21.
52 A. a. O., S. 625.
53 Eco: Nachschrift zum ›Namen der Rose‹, S. 65.

54 Eco: Die Enzyklopädie als Labyrinth, in: Eco, Im Labyrinth der Vernunft, S. 106.

55 Gilles Deleuze/Félix Guattari: Rhizom, S. 10.

56 Eco, Nachschrift, S. 65.

57 Eco, Der Name der Rose, S. 624.

58 Vgl. Heinz Robert Schlette: »Nur noch nackte Namen . . .«, a. a. O., S. 135–138.

59 Eco, Der Name der Rose, S. 633.

Kapitel 11: Gefängnis.

Motto: Das Labyrinth des Salomon. Griechisch geschriebenes Gedicht in Verbindung mit einer Labyrinthzeichnung in einer Sammelhandschrift des 11. Jahrhunderts.
Zitiert in der Übersetzung von Werner Batschelet-Massimi (Ders.: Labyrinthzeichnungen in Handschriften, a. a. O., S. 178–180).

1 Buchtitel der achtziger Jahre: Wolfgang Welsch, *Unsere postmoderne Moderne,* und Hans-Jürgen Heinrichs, *Die katastrophale Moderne.*

2 Ulrich Horstmann: Das Untier, S. 7.

3 Robert Burton: Anatomie der Melancholie, S. 220.

4 B. Gracian, siehe Kap. 8, Anm. 2.

5 Michel Butor: Der Zeitplan.

6 Friedrich Dürrenmatt: Die Physiker. Geschrieben 1961, Neufassung 1980, S. 11.
  In seinem Interview mit Franz Kreuzer sagte Dürrenmatt 1982: *Das Stück spielt sich ja in einem Labyrinth, in einem Irrenhaus, ab. Das Irrenhaus ist eine weitere Metapher für das Labyrinth.* (Die Welt als Labyrinth. Die Unsicherheit unserer Wirklichkeit, S. 38).

7 Marie Luise Kaschnitz: Das Labyrinth. In: Engelsbrücke. © 1955 Claassen Verlag GmbH, Hamburg (jetzt Hildesheim)

8 A. a. O.

9 A. a. O.

10 A. a. O.

11 A. a. O.

12 Vgl. Odo Marquard: Zeitalter der Weltfremdheit? Beitrag zur Analyse der Gegenwart, a. a. O., S. 81–95.

13 Kaufmann/Metz: Zukunftsfähigkeit, S. 89 f.

14 Friedrich Dürrenmatt: Labyrinth. Stoffe I – III, S. 69.

15 A. a. O., S. 70.

16 Friedrich Dürrenmatt: Der Winterkrieg in Tibet. In: Labyrinth. Stoffe I – III, S. 88–176. © 1990 by Diogenes Verlag AG, Zürich.
  Vgl. dazu den Aufsatz von Gunter E. Grimm: Dialektik der Ratlosigkeit. Friedrich Dürrenmatts apokalyptisches Denkspiel *Der Winterkrieg in Tibet,* a. a. O., S. 313–331.

17 Dürrenmatt, Der Winterkrieg in Tibet, a. a. O., S. 88.

18 A. a. O., S. 89.

19 Im autobiographischen ›Vorspann‹ der Erzählung sagt Dürrenmatt: »Dieses fingierte Ich, von dem ich, verführt durch meine *Dramaturgie,* so

lange glaubte, er sei der Minotaurus, ist Theseus. Nur dieser geht, wie
mein Söldner, freiwillig ins Labyrinth, um den Minotaurus zu töten.« (In:
Labyrinth, S. 87).

20 Dürrenmatt, Der Winterkrieg in Tibet, a. a. O., S. 98.
21 A. a. O., S. 102.
22 A. a. O., S. 103 und 118.
23 A. a. O., S. 156.
24 A. a. O., S. 160 f.
25 A. a. O., S. 164.
26 Dürrenmatt. Bilder und Zeichnungen. »Persönliche Anmerkung«.
27 Friedrich Dürrenmatt: Minotaurus (erstmals 1985).
28 A. a. O., S. 7 f.
29 A. a. O., S. 13.
30 A. a. O., S. 40 f.
31 A. a. O., S. 47 f.
32 A. a. O., S. 50 f.
33 Das »Labyrinth« oder Über die Grenzen des Menschseins. In: Friedrich
   Dürrenmatt: Über die Grenzen. Fünf Gespräche, S. 99–120.
34 Dürrenmatt, Der Winterkrieg in Tibet, a. a. O., S. 120.
35 Ulrich Beck: Risikogesellschaft, S. 206 f.
36 A. a. O., S. 213.
37 Günther Anders: Die Antiquiertheit des Menschen. Band II, S. 131–187.
38 Johann Baptist Metz mit Berufung auf das Buch von Robert Bellah u. a.,
   »Habits of the Heart. Individualism and Commitment in American Life«
   (1985). In: Kaufmann /Metz: Zukunftsfähigkeit, S. 132.
39 Ende des Individuums oder Renaissance enormer Subjektivität? In: Beck/
   Beck-Gernsheim: Das ganz normale Chaos der Liebe, S. 61.
40 A. a. O., S. 62.
41 Hermann Pongs: Franz Kafka, Dichter des Labyrinths.
42 Franz Kafka: Sämtliche Erzählungen, S. 359–388.
43 A. a. O., S. 359 ff.
44 A. a. O., S. 365 f.
45 A. a. O., S. 362.
46 A. a. O., S. 366.
47 A. a. O., S. 360.
48 A. a. O., S. 365.
49 A. a. O., S. 367.
50 A. a. O., S. 372.
51 A. a. O., S. 374.
52 Hartmut Binder: Kafka-Kommentar zu sämtlichen Erzählungen, S. 322.
53 Kafka, Der Bau, a. a. O., S. 379.
54 A. a. O., S. 383.

Kapitel 12: Daidalos und Ikaros.

Motto: André Gide, Theseus. In: Sämtliche Erzählungen, S. 624.

1 Ovid: Metamorphosen. Das Buch der Mythen und Verwandlungen. In Prosa neu übersetzt von Gerhard Fink, S. 189 (VIII, 203–208).
Die Erzählung der Daidalos-Ikaros-Geschichte stützt sich vor allem auf die Darstellung von Ranke-Graves'. Vgl. auch Hocke: Manierismus II, S. 204 ff.

2 Ovid: Metamorphosen. Das Buch der Mythen und Verwandlungen, S. 190 (VIII, 225–233).

3 A. Gide, Theseus, a. a. O., S. 624.
In Gides Erzählung teilt Daidalos die Informationen zum Labyrinth und die Geschichte von Ikaros dem Theseus vor (!) dem Labyrinthgang mit.

4 Vergil, Aeneis VI, 30–34 (Übersetzung von Eduard Norden).

5 Hocke: Manierismus II, S. 285.

6 Vgl. zum folgenden Joseph Leo Koerner: Die Suche nach dem Labyrinth, speziell S. 117 ff.

7 Sebastian Brant: Das Narrenschiff, S. 145 f.

8 John Milton: Das verlorene Paradies. Das englische Original erschien 1667.

9 Vgl. Beat Wyss: Pieter Brueghel. Landschaft mit Ikarussturz. Ein Vexierbild des humanistischen Pessimismus. Die Datierung des Gemäldes schwankt von 1555 bis 1569.

10 Marie Luise Kaschnitz: Wohin denn ich. Aufzeichnungen, S. 69.

11 W. H. Auden: Musée des Beaux Arts. In: Der Wanderer, S. 5.
Der Originaltext lautet:.
About suffering they were never wrong,
The Old Masters: how well they unterstood
its human position; how it takes place
while someone else is eating or opening a window or just
walking dully along ...
In Brueghel's Icarus, for instance: how everything turns away
quit leisurely from the disaster; the ploughman may
have heard the splash, the forsaken cry,
but for him it was not an important failure; the sun shone
as it had to on the white legs disappearing into the green
water; and the expensive delicate ship that must have seen
something amazing, a boy falling out of the sky,
had somewhere to get to and sailed calmly on.

Literaturverzeichnis

ANDERS, GÜNTHER: Die Antiquiertheit des Menschen. Band II: Über die Zerstörung des Lebens im Zeitalter der dritten industriellen Revolution. München 1980

AUDEN, W. H.: Der Wanderer. Deutsch von Astrid Claes und Edgar Lohner. Wiesbaden 1955

ARNOLD, HEINZ LUDWIG (HG.): Komm. Zieh dich aus. Handbuch der lyrischen Hocherotik deutscher Zunge. Zürich 1991

AYRTON, MICHAEL: Ich erbaute das Labyrinth. Frankfurt 1970

BAHR, HANS-ECKEHARD: Mit dem Wolf leben. Der Mann aus Assisi. Stuttgart 1992

BATSCHELET-MASSIMI, WERNER: Labyrinthzeichnungen in Handschriften. In: Codices manuscripti, Jg. 4/1978, Heft 2, S. 33–65

BECK, ULRICH: Risikogesellschaft. Auf dem Weg in eine andere Moderne. edition suhrkamp 1365. Frankfurt 1986

BECK, ULRICH/BECK-GERNSHEIM, ELISABETH: Das ganz normale Chaos der Liebe. suhrkamp taschenbuch 1725. Frankfurt 1990

BENESCH, KURT: Pilgerwege. Santiago de Compostela. Mit Farbbildern von Rudolf Tießler. Freiburg 1991

BINDER, HARTMUT: Kafka-Kommentar zu sämtlichen Erzählungen. München 31982

BIRKHAN, HELMUT: Laborintus – labor intus. Zum Symbolwert des Labyrinths im Mittelalter. In: Festschrift für Richard Pittioni zum 70. Geburtstag. Wien 1976, S. 423–454

BLUMENBERG, HANS: Höhlenausgänge. Frankfurt 1989

BÖHME, GERNOT: Der Typ Sokrates. suhrkamp taschenbuch 1016. Frankfurt 1992

BONITO OLIVA, ACHILLE: Im Labyrinth der Kunst. Berlin 1982

BONITO OLIVA, ACHILLE, Paolo Portoghesi, Umberto Eco und Paolo Santarcangeli: Luoghi del silenzio imparziale. Labirinto contemporaneo. Katalog. Mailand 1981

BORD, JANET: Irrgärten und Labyrinthe. Köln 1976

BORGES, JORGE LUIS: Gesammelte Werke. Band 3/1: Erzählungen 1935–1944. Aus dem Spanischen von Karl A. Horst und Curt Meyer-Clason, © 1981 Carl Hanser Verlag München Wien
– : Labyrinthe. Erzählungen. sonderr. dtv 6. München 1962

– : Die zwei Labyrinthe. Lesebuch. dtv 10590. München ³1990

BRANT, SEBASTIAN: Das Narrenschiff. Übertragen von H. A. Junghans. Bibliographisch ergänzte Ausgabe. Reclams Universalbibliothek 899. Stuttgart 1992

BRECHT, BERTOLT: Gesammelte Werke 8. werkausgabe edition suhrkamp. Frankfurt 1967

DAS BUCH DER GEDICHTE. Deutsche Lyrik von den Anfängen bis zur Gegenwart. Hrsg. von Karl Otto Conrady. Frankfurt 1987

BUNYAN, JOHN: Die Pilgerreise. Bearbeitet von Joachim Martin. Mit einem Essay über Bunyan von Walter Nigg. Zürich 1988

BURKERT, WALTER: Griechische Religion der archaischen und klassischen Epoche. Stuttgart 1977

BURTON, ROBERT: Anatomie der Melancholie. Aus dem Englischen übertragen und mit einem Nachwort versehen von Ulrich Horstmann. Zürich und München 1988

BUTOR, MICHEL: Der Zeitplan. Roman. suhrkamp taschenbuch 1687. Frankfurt 1989

CAERDROIA – the Journal of mazes & labyrinths. Jg. 1991 ff.

CIORAN, E. M.: Vom Nachteil, geboren zu werden. suhrkamp taschenbuch 549. Frankfurt 1979

COMENIUS, JOHANN AMOS: Das Labyrinth der Welt und das Paradies des Herzens. Aus dem Tschechischen übersetzt von Zdenko Baudnik. Jena 1908 (Neuausgabe: Luzern und Frankfurt 1970)

DELEUZE, GILLES/GUATTARI, FELIX: Rhizom. Berlin 1977

DIETERICH, VEIT-JAKOBUS: Johann Amos Comenius. rowohlts monographien 466. Reinbek 1991

DUBY, GEORGES: Die Zeit der Kathedralen. Kunst und Gesellschaft 980–1420. suhrkamp taschenbuch wissenschaft 1011. Frankfurt 1992

DUERR, HANS PETER: Sedna oder Die Liebe zum Leben. suhrkamp taschenbuch 1710. Frankfurt 1990

DÜRRENMATT, FRIEDRICH: Minotaurus. Eine Ballade. Mit Zeichnungen des Autors. © 1985 by Diogenes Verlag AG, Zürich.
– : Die Physiker. Neufassung 1980. Zürich 1985
– : Über die Grenzen. Fünf Gespräche. Hrsg. von Michael Haller. München und Zürich 1993
– : Der Winterkrieg in Tibet. In: Labyrinth. Stoffe I–III. (Neuausgabe), S. 9–176. 1990 by Diogenes Verlg AG, Zürich.

DÜRRENMATT: BILDER UND ZEICHNUNGEN. Hrsg. von Christian Strich. Mit einer Einleitung von Manuel Gasser und Kommentaren von Friedrich Dürrenmatt. © 1978 by Diogenes Verlag AG, Zürich.

ECO, UMBERTO: Der Name der Rose. Roman. Aus dem Italienischen von Burkhart Kroeber, © 1982 Carl Hanser Verlag München Wien
– : Im Labyrinth der Vernunft. Texte über Kunst und Zeichen. Leipzig 1990
– : Nachschrift zum ›Namen der Rose‹. dtv 10552. München 1986

VON EICHENDORFF, JOSEPH FREIHERR: Werke in einem Band. Bibliothek deutscher Klassiker, Band 32. München 1977

ELIADE, MIRCEA: Geschichte der religiösen Ideen. Band 1: Von der Steinzeit bis zu den Mysterien von Eleusis. Freiburg 1978
– : Das Mysterium der Wiedergeburt.
Initiationsriten, ihre kulturelle und religiöse Bedeutung. Zürich und Stuttgart 1961
– : Die Sehnsucht nach dem Ursprung. Von den Quellen der Humanität. Bibliothek Suhrkamp 408. Frankfurt 1989

ERLÄUTERUNGEN UND DOKUMENTE:
Johann Wolfgang Goethe: Wilhelm Meisters Lehrjahre. Hrsg. von Ehrhard Bahr. RUB 8160. Stuttgart 1982
Novalis (Friedrich von Hardenberg): Heinrich von Ofterdingen. Hrsg. von Ursula Ritzenhoff. RUB 8181. Stuttgart 1988

FISHER, ADRIAN: Labyrinth. Solving the Riddle of the Maze. New York 1990

FLANDRIN, JEAN-LOUIS: Das Geschlechtsleben der Eheleute in der alten Gesellschaft: Von der klassischen Lehre zum realen Verhalten. In: Die Masken des Begehrens und die Metamorphosen der Sinnlichkeit. Zur Geschichte der Sexualität im Abendland. Hrsg. von Philippe Ariès und André Béjin. Fischer-Taschenbuch 11236. Frankfurt 1992, S. 147–164

FRANKFURTER ANTHOLOGIE. Gedichte und Interpretationen. Hrsg. von Marcel Reich-Ranicki. Band 6. Frankfurt 1982

FOUCAULT, MICHEL: Der Ariadnefaden ist gerissen. In: Deleuze, G./Foucault, M.: Der Faden ist gerissen. Berlin 1977, S. 7–12

FREUD, SIGMUND: Neue Folge der Vorlesungen zur Einführung in die Psychoanalyse. Fischer-Taschenbuch 10433. Frankfurt 1991

GALLAS, KLAUS: Kreta. Von den Anfängen Europas bis zur kreto-venezianischen Kunst. Köln 71993

GIDE, ANDRÉ: Theseus. In: Sämtliche Erzählungen. Stuttgart 1965

GIRARD, RENÉ: Das Heilige und die Gewalt. Zürich 1987

GOBRY, IVAN: Franz von Assisi – mit Selbstzeugnissen und Bilddokumenten. rowohlts bildmonographien 16. Hamburg 1958

GODWIN, MALCOLM: Engel. Eine bedrohte Art. Frankfurt 31992

GOETHE, JOHANN WOLFGANG: Wilhelm Meisters Lehrjahre. Faust. In: GOETHES WERKE. Hamburger Ausgabe. Hamburg 1949 ff.

GRACIÁN, BALTASAR: Criticón oder Über die allgemeinen Laster der Menschen. Erstmals ins Deutsche übertragen von Hanns Studniczka. Hamburg 1957

GRASS, GÜNTER: Die Blechtrommel. Roman. Sammlung Luchterhand 147. Darmstadt 1988

GREVERUS, INA-MARIA: Neues Zeitalter oder Verkehrte Welt. Anthropologie als Kritik. Darmstadt 1990

GRIMM, GUNTER E.: Dialektik der Ratlosigkeit. Friedrich Dürrenmatts apokalyptisches Denkspiel *Der Winterkrieg in Tibet.* In: Apokalypse. Weltuntergangsvisionen in der Literatur des 20. Jahrhunderts. Hrsg. von G. E. Grimm, W. Faulstich u. P. Kuon. suhrkamp taschenbuch 2067. Frankfurt 1986, S. 313–331

HAUBRICHS, WOLFGANG: Error inextricabilis. Form und Funktion der Labyrinthabbildung in mittelalterlichen Handschriften. In: Christel Meier und Uwe Ruberg (Hrsg.): Text und Bild. Aspekte des Zusammenwirkens zweier Künste in Mittelalter und früher Neuzeit. Wiesbaden 1980, S. 63–174

HEER, FRIEDRICH: Europäische Geistesgeschichte. 2. Auflage. Stuttgart 1965

HEINE, HEINRICH: Gedichte. In: Werke in vier Bänden. Bibliothek deutscher Klassiker. München 1982

HEINRICHS, HANS-JÜRGEN: Die katastrophale Moderne. Frankfurt und Paris 1984

HOCKE, GUSTAV RENE: Die Welt als Labyrinth. Manier und Manie in der europäischen Kunst. rowohlts deutsche enzyklopädie 50/51. Hamburg 1957 (= Manierismus I)
– , Manierismus in der Literatur. Sprach-Alchimie und esoterische Kombinationskunst. rde 82/83. Hamburg 1959 (= Manierismus II)

HOLL, ADOLF: Der letzte Christ – Franz von Assisi. Stuttgart 1979
– : Im Keller des Heiligtums. Geschlecht und Gewalt in der Religion. Stuttgart 1991

HOMER: Ilias. Neue Übertragung von Wolfgang Schadewaldt. Insel-Taschenbuch 153. Frankfurt am Main 1975

HORSTMANN, ULRICH: Das Untier. Konturen einer Philosophie der Menschenflucht. Wien – Berlin 1983

INITIATION. Zeremonien der Statusänderung und des Rollenwechsels. Eine Anthologie. Hrsg. von Volker Popp. Frankfurt 1969

ISERNHAGEN, HARTWIG: Die Bewußtseinskrise der Moderne und die Erfahrung der Stadt als Labyrinth. In: Die Stadt in der Literatur. Hrsg. von C. Meckseper und E. Schraut. Göttingen 1983, S. 81–104

JACOBI, JOLANDE: Die Psychologie von C. G. Jung. Eine Einführung in das Gesamtwerk. Fischer-Taschenbuch 6365. Frankfurt 1978

JUNG, C. G.: Aion. Beiträge zur Symbolik des Selbst (Gesammelte Werke IX.2. Olten und Freiburg 1976
– : Psychologie und Alchemie. © 1972 Walter Verlag AG, Solothurn
– : Symbole der Wandlung (Gesammelte Werke V). Olten und Freiburg 1973

JUNG, C. G. u. a.: Der Mensch und seine Symbole. Olten und Freiburg 1968

KAFKA, FRANZ: Sämtliche Erzählungen. Herausgegeben von Paul Raabe. Fischer Taschenbuch 1078. © S. Fischer Verlag, Frankfurt am Main 1970
– : Tagebücher 1910–1923. In: Gesammelte Werke. Herausgegeben von Max Brod. Taschenbuchausgabe in acht Bänden. © S. Fischer Verlag, Frankfurt am Main 1983

KANT, IMMANUEL: Werke in sechs Bänden. Hrsg. von Wilhelm Weischedel. Darmstadt 1966

KASCHNITZ, MARIE LUISE: Das Labyrinth. In: Engelsbrücke. © 1955 Claassen Verlag GmbH, Hamburg (jetzt Hildesheim)
– : Griechische Mythen. dtv 1079. München 1975
– : Wohin denn ich. Aufzeichnungen. Hamburg 1963

KAUFMANN, FRANZ-XAVER/METZ, JOHANN BAPTIST: Zukunftsfähigkeit. Suchbewegungen im Christentum. Freiburg 1987

KERÉNYI, KARL: Labyrinth-Studien. In: Karl Kerényi: Humanistische Seelenforschung. München – Wien 1966, S. 226–273
– : Die Herrin des Labyrinths. In: Kerényi, Auf den Spuren des Mythos. München-Wien 1967, S. 266–270
– : Die Mythologie der Griechen.
Band I: Die Götter- und Menschheitsgeschichten.
Band II: Die Heroen-Geschichten.
dtv 1345 und 1346. München 1966

KERN, HERMANN: Labyrinthe: Erscheinungsformen und Deutungen. 5000 Jahre Gegenwart eines Urbilds. 3. Auflage, Prestel-Verlag München 1987 (= Kern)
– : Das Labyrinth. Geheimnis zwischen Tod und Wiedergeburt. In: Bild der Wissenschaft 11–1982, S. 148–159

KESTING, MARIANNE: Das hermetische Labyrinth. Zur Dichtung von Jorge Luis Borges. In: Neue deutsche Hefte, Bd. 103, 1965, S. 107–127

KIERKEGAARD, SÖREN: Die Leidenschaft des Religiösen. Eine Auswahl aus Schriften und Tagebüchern. RUB 7783. Stuttgart 1986

KINDLERS LITERATUR LEXIKON. Weinheim 1981

KIRK, GEOFFREY STEPHEN: Griechische Mythen. Ihre Bedeutung und Funktion. re 444. Reinbek 1987

KÖHN, ROLF: »Unsere Bibliothek ist nicht wie die anderen . . .« Historisches, Anachronistisches und Fiktives in einer imaginären Bücherwelt. In: ». . . eine finstere und fast unglaubliche Geschichte«? Mediävistische Notizen zu Umberto Ecos Mönchsroman ›Der Name der Rose‹, Darmstadt ³1988, S. 81–114

KOERNER, JOSEPH LEO: Die Suche nach dem Labyrinth. Dädalus, Ikarus und das Labyrinth. Frankfurt a. M. 1983

KRAFT, JOHN: The Goddess in the Labyrinth. Åbo 1985

KROEBER, BURKHART (HG.): Zeichen in Umberto Ecos Roman ›Der Name der Rose‹. dtv 11129. München 1989

LABYRINTH DER WELT UND LUSTHAUS DES HERZENS. Johann Amos Comenius 1592–1670. Ausstellungskatalog. Bochum 1992

LADENDORF, HEINZ: Kafka und die Kunstgeschichte II. In: Wallraff-Richartz-Jahrbuch 25, 1963, S. 227–262

LEIRIS, MICHEL: Die eigene und die fremde Kultur. Ethnologische Schriften. Band 1. suhrkamp taschenbuch wissenschaft 574. Frankfurt 1985

LEXIKON FÜR THEOLOGIE UND KIRCHE, 2. Auflage 1957 ff.

LONEGREN, SIG: Labyrinthe. Antike Mythen & moderne Nutzungsmöglichkeiten. Frankfurt 1993

MARQUARD, ODO: Zeitalter der Weltfremdheit? Beitrag zur Analyse der Gegenwart. In: Philosophie als Zeitdiagnose. Hrsg. von Hans-Ludwig Ollig. Darmstadt 1991, S. 81–95

MATTHEWS, W. H.: Mazes and Labyrinths. Their History and Development. 1922. Reprint: New York 1970

MERSCH, DIETER: Umberto Eco zur Einführung. Hamburg 1993

NAGEL, BERT: Kafka und die Weltliteratur. Zusammenhänge und Wechselwirkungen. München 1983

NEUMANN, ERICH: Die große Mutter. Eine Phänomenologie der weiblichen Gestaltungen des Unbewußten. Olten und Freiburg 91989
– : Ursprungsgeschichte des Bewußtseins. Fischer-Taschenbuch 42042. Frankfurt 1984
– : Zur psychologischen Deutung des Ritus.
In: Kulturentwicklung und Religion (Umkreisung der Mitte, Band I). Zürich 1953, S. 3 ff.

NIN, ANAÏS: Labyrinth des Minotaurus. Roman. dtv 10927. München 1988

NORDEN, EDUARD: P. Vergilius Maro Aeneis Buch VI. Darmstadt 41957

NOVALIS: Blütenstaubfragmente. Heinrich von Ofterdingen. In: Werke. Hrsg. und kommentiert von Gerhard Schulz. München 1969

OBRIST, WILLY: Neues Bewußtsein und Religiosität. Evolution zum ganzheitlichen Menschen. Olten und Freiburg 1988

OVID: Metamorphosen. Das Buch der Mythen und Verwandlungen. In Prosa übersetzt von Gerhard Fink. Fischer Taschenbuch 10497. Frankfurt 1992

P. OVIDIUS NASO: Metamorphosen. In deutsche Hexameter übertragen und mit dem Text herausgegeben von Erich Rösch. München 1968

PENNICK, NIGEL: Das Geheimnis der Labyrinthe. Eine Reise in die Welt der Irrgärten. Goldmann-Taschenbuch 12401. München 1992

PICO DELLA MIRANDOLA: Über die Würde des Menschen. Aus dem Neulateinischen übertragen von Horst Werner Rüssel. Zürich ³1992

PLATON: Sämtliche Werke. Bd. IV: Der Staat. Zürich und München (Artemis) 1974. – : Der Staat (Politeia). Stuttgart (Reclam) 1958.

PLUTARCH: Große Griechen und Römer. Aus dem Griechischen übertragen, eingeleitet und erläutert von Konrat Ziegler. Band 1. München 1979

PONGS, HERMANN: Franz Kafka. Dichter des Labyrinths. Heidelberg 1960

RAHNER, HUGO: Griechische Mythen in christlicher Deutung. Herder Spektrum 4152. Neuauflage. Freiburg 1992

VON RANKE-GRAVES, ROBERT: Griechische Mythologie. Quellen und Deutung, Bd. I und II. Reinbek bei Hamburg 1960

ROSENBERG, ALFONS: Die christliche Bildmeditation. München-Planegg 1955

ROSENDORFER, HERBERT: Rom. Eine Einladung. Köln 1990

SANTARCANGELI, PAOLO: Il libro dei labirinti. Storia di un mito e di un simbolo. Prefazione di Umberto Eco. Milano 1984

SCHACHERMEYR, FRITZ: Die griechische Rückerinnerung im Lichte neuer Forschungen. Wien 1983

SCHÄFKE, WERNER: Frankreichs gotische Kathedralen. Eine Reise zu den Höhepunkten mittelalterlicher Architektur in Frankreich. Köln ³1984

SCHEFOLD, KARL: Frühgriechische Vasenbilder. München 1964

SCHLETTE, HEINZ ROBERT: »Nur noch nackte Namen . . .«, Überlegungen zu Umberto Eco: Der Name der Rose. In: Orientierung 12, 1984, S. 135–138

SCHMELING, MANFRED: Der labyrinthische Diskurs. Vom Mythos zum Erzählmodell. Frankfurt am Main 1987

SCHMIDT, MARTIN: Wiedergeburt und neuer Mensch. Gesammelte Studien zur Geschichte des Pietismus. Witten 1969

SLOTERDIJK, PETER: Eurotaoismus. Zur Kritik der politischen Kinetik. edition suhrkamp, Neue Folge, Bd. 450. Frankfurt 1989

SLOTERDIJK, PETER/MACHO, THOMAS H. (HG.): Weltrevolution der Seele. Ein Lese- und Arbeitsbuch der Gnosis von der Spätantike bis zur Gegenwart. Bd. I und II. Artemis & Winkler 1991

STADLER, ULRICH: Novalis: Heinrich von Ofterdingen. In: Romane und Erzählungen der deutschen Romantik, hrsg. von Paul Michael Lützeler, Stuttgart 1981, S. 141–162

STAUDER, THOMAS: Umberto Ecos »Der Name der Rose«: Forschungsbericht und Interpretation. Erlangen 1988

215

SUDBRACK, JOSEF: Mystik im Dialog. Christliche Tradition. Ostasiatische Tradition. Vergessene Traditionen. Würzburg 1992

THALMANN, MARIANNE: Romantik und Manierismus. Stuttgart 1963

TSCHIŽEWSKIJ, DMITRIJ: Das Labyrinth der Welt und das Paradies des Herzens des Jan Amos Comenius. Die Thematik und die Quellen des Werks. In: Tschiževskij, D., Kleinere Schriften, II: Bohemica, München 1972, S. 92–139
– : Zur späteren Tradition der Thematik des »Labyrinths«. In: Tschiževskij, D., a. a. O., S. 168–176

VAN DEN MEULEN, JAN/HOHMEYER, JÜRGEN: Chartres. Biographie einer Kathedrale. Köln 1984

VAN VELTHOVEN, THEO: Zeichen, Wahrheit, Macht. In: Zeichen in Umberto Ecos Roman ›Der Name der Rose‹, hrsg. von B. Kroeber, S. 276–301

VERGIL: Aeneis. In Zusammenarbeit mit Maria Götte hrsg. und übersetzt von Johannes Götte. München ²1965

VOGT, ROLF: Psychoanalyse zwischen Mythos und Aufklärung oder Das Rätsel der Sphinx. Frankfurt und New York 1986

VON BUDDHA BIS C. G. JUNG. Religion als lebendige Erfahrung. Hrsg. von Marcel Messing. Olten und Freiburg 1990

WAGNER-EGELHAAF, MARTINA: Mystik der Moderne. Die visionäre Ästhetik der deutschen Literatur im 20. Jahrhundert. Stuttgart 1989

WEHR, GERHARD: Heilige Hochzeit. Symbol und Erfahrung menschlicher Reife. München 1986
– : Der innere Christus. Zur Psychologie des Glaubens. Zürich 1993

WELSCH, WOLFGANG: Unsere postmoderne Moderne. Weinheim ³1991

DIE WELT ALS LABYRINTH. Die Unsicherheit unserer Wirklichkeit. Franz Kreuzer im Gespräch mit Friedrich Dürrenmatt und Paul Watzlawick. Wien 1982

WILBER, KEN: Wege zum Selbst. Östliche und westliche Ansätze zu persönlichem Wachstum. München ²1986

WILSON, COLIN: Der Herr der Unterwelt. C. G. Jung und das 20. Jahrhundert. München 1987

WYSS, BEAT: Pieter Bruegel. Landschaft mit Ikarussturz. Ein Vexierbild des humanistischen Pessimismus. Fischer Taschenbuch 3962. Frankfurt 1993

216

Quellen- und Standortverzeichnis der Abbildungen

Michael Ayrton: Arkville Maze. Foto: Dr. Georg Gerster, Zumikon/Zürich

Giovanni Fontana: Rechteckiger Irrgarten. München, Bayerische Staatsbibliothek

Labyrinth mit sieben Umgängen, nach einer Münze aus Knossos

Ariadnefaden: Zeichnung von Art Glöckner

Stater aus Knossos, Zeichnung nach Cook.

Ritzzeichnungen auf einem Tontäfelchen aus dem Palast des Nestor, Pylos, Zeichnung: A. Lang

Felsritzung an der »Tomba del Labirinto«, Foto: Rainer Pauli, Schwindegg

Ritzzeichnung aus Pompeji, Zeichnung nach Werner Krenkel

Mittelstück einer rotfigurigen Kylix mit den Taten des Theseus. London, British Museum

Theseus und Ariadne, Museum Iraklio, nach K. Schefold-Hirmer, Frühgriech. Sagenbilder, München 1964

Theseus kämpft mit dem Minotauros, nach K. Schefold-Hirmer, a. a.O.

Giovanni Marcanova: Antiquitatum fragmenta, Das Labyrinth von Kreta. Modena, Biblioteca Estense

Römisches Labyrinth. Zeichnung nach Comte de Pibrac

Lambert von Saint-Omer: Liber floridus. Chantilly, Musée Condé

Siegelring aus Mykene. Nationalmuseum Athen

Tantrisches Diagramm. Jetziger Eigentümer unbekannt, früher: Sammlung Ravi Kumar, Paris

Hopi-Labyrinthe. Zeichnungen des Hopi-Indianers Oswald White Bear Fredericks

Labyrinth am Dom zu Lucca. Foto: Dr. Wilfried Kerntke, Offenbach

Ödipus und die Sphinx. Vatikanisches Museum. Rom

Der Gott Pan (aus Kitchers »Oedipus Aegyptiacus«)

Taufe. Rodabibel, Bibliothèque nationale, Paris

Labyrinth der Kathedrale von Amiens, Musée Picardie, Amiens

Labyrinth aus Pontremoli. Foto: Patricia Nemon-Stuart, London

Grundriß des Westbaues von Chartres. Nach E. Houvet

Labyrinth der Kathedrale von Chartres. Zeichnung: E.-H. Wallet

Chartres: Westliches Rosenfenster. Zeichnung: Villard de Honnecourt

Römisches Mosaiklabyrinth: Zeichnung nach G. Vidal

Mosaik aus S. Vitale, Ravenna: Zeichnung nach J. Durand

Hermann Hugo: Pia Desideria, Antwerpen 1632

Leonardo da Vinci: »Spiegel«. Institut de France, Paris

Comenius, Das Labyrinth der Welt. Abgebildet nach der Ausgabe Jena 1907

Hieronymus Wierix: ›Hecken-Irrgarten‹. Nürnberg, Germanisches Nationalmuseum

Frau im Labyrinth. Zeichnung nach A. W. Rancken

Jericho als mondförmiges Labyrinth. Bayer. Staatsbibl., München

Theseus kämpft in Begleitung Ariadnes mit dem Minotauros, nach Schefold-
Hirmer, a. a. O.

Weinkanne von Tragliatella (Ausschnitt). Zeichnung nach W. Deecke

Lappa Maze. Foto: Dr. Georg Gerster, Zumikon/Zürich

Friedrich Dürrenmatt, Bilder und Zeichnungen, Labyrinth III, Federzeichnung. © 1978 by Diogenes Verlag AG Zürich

Friedrich Dürrenmatt, »Minotaurus«, Eine Ballade. Mit Zeichnungen des
Autors. © 1985 by Diogenes Verlag AG Zürich

Kalkstein-Relief im Hof des Hotel du Grand Maître de France, Compiègne

Pieter Breughel: Landschaft mit Ikarussturz. Musées Royaux des Beaux-Art
de Belgique, Brüssel

Was uns Bilder sagen können:

Ein Schlüssel zu den Geheimnissen des Bildes, eine Schule des Sehens und Verstehens ist dieser reich bebilderte Band. Ingrid Riedel macht uns mit den inneren Gesetzen der Bildkomposition vertraut. Es geht dabei um die Raumsymbolik in der Bildfläche, um Linien, Bewegung, Farben und Licht, um Perspektiven und Zahlenverhältnisse. Was auf den ersten Blick abstrakt erscheint, gewinnt Leben durch die sensible Deutung und die zahlreichen Beispiele aus alter und moderner christlicher Kunst sowie viele spontane Zeichnungen aus dem Unbewußten. Die religiöse, künstlerische und tiefenpsychologische Aussage eines Bildes wird auf überraschende Weise erkennbar.

Ingrid Riedel
Bilder
in Therapie, Kunst und Religion
268 Seiten, mit zahlreichen, teilweise
farbigen Abbildungen, Paperback

KREUZ: Was Menschen bewegt.

Die esoterische Dimension des Kreuzes:

Das Kreuz ist ein uraltes Symbol, sowohl für den aufrecht stehenden Menschen als auch für Kosmos und Wirklichkeit, für göttliche Energie. In der Geheimlehre Jesu, die nur an auserwählte Jüngerinnen und Jünger weitervermittelt wurde, war es bekannt als Symbol der Todüberwindung. Schwarzenaus These, daß Jesus mit seinem Gang nach Golgatha einen im Grunde inneren Vorgang äußerlich sichtbar machte und überhaupt deshalb zum Tode verurteilt worden ist, weil er esoterisches Wissen öffentlich machte, wirft ein völlig neues Licht auf die Passion.

Der Autor Paul Schwarzenau lehrte bis 1985 Evangelische Theologie und Didaktik mit Schwerpunkt Religionswissenschaft an der Universität Dortmund. Er zieht für seine Thesen jüdische und gnostische Quellen heran, die bisher kaum beachtet wurden.

Paul Schwarzenau
Das Kreuz
Die Geheimlehre Jesu
216 Seiten, mit zahlreichen, teilweise farbigen Abbildungen, Paperback

KREUZ: Was Menschen bewegt.

Die Sprache der Engel:

Begegnungen mit Engeln, wie sie immer wieder erzählt und gemalt werden, sind mit sinnlichen Wahrnehmungen verbunden; die Himmelsboten sind zu hören, zu sehen und zu fühlen. Diesen Phänomenen und ihrer Bedeutung geht die Autorin nach. Die Autorin Jutta Ströter-Bender ist freischaffende Künstlerin und Schriftstellerin.

Jutta-Ströter-Bender
Engel
Ihre Stimme, ihr Duft,
und Gewand und ihr Tanz
232 Seiten, zahlreiche, teils farbige Abbildungen,
Paperback

Welcher Garten entspricht Ihrer Seele ?

So alt wie die Gärten der Wirklichkeit sind auch die symbolischen. Die Mythen des Orients, der Griechen und Römer erzählen von ursprünglichen und künftigen Paradiesen, und die Bibel verlegt entscheidende Ereignisse in einen Garten: in den Garten Eden, in den von Getsemani und den der Auferstehung. Wolfgang Teichert zeigt, daß jeder Garten einem inneren Bild des Menschen von seiner Seele und von einer ersehnten vollkommenen Welt entspricht.

Wolfgang Teichert
Gärten
Paradiesische Kulturen
160 Seiten, viele Farbabbildungen, Paperback

KREUZ: Was Menschen bewegt.